慧心傳道覓有情

作者——慧傳法師

目次

貳・秋月禪心 115

叁・悲心救苦 209

肆・人間有愛 303

目次

推薦序

點亮內心的一盞明燈

受慧傳法師邀請，本人有幸得以先睹《慧心傳道覺有情》一書並為撰寫序言，內心歡欣無比。

印象中的佛光山是張揚而又華麗的，亦是此抹色彩，使佛法的宣揚不再落入古板的窠臼。一直以來，佛光山以極其接地氣又主動之方式，致力於弘揚佛法、宣導善念、普利眾生，不僅關注因果善念的宣傳，豐富心靈的層面，更致力於將慈悲心與善知識於人間實踐；《慧心傳道覺有情》這本書正是此一理念的具體呈現，它集合了多位佛光人的真情實感和智慧經驗，展示了佛法在現代社會中的體現。

佛光山始終秉持著慈悲與善念，強調「三好、四給、五和——做好事、說好話、存好心，給人信心、給人歡喜、給人希望、給人方便，自心和悅、家庭和順、人我和敬、社會和諧、世界和平」的理念，這些理念皆可在《慧心傳道覺有情》一書中看到具體的實踐。由一篇篇小故事中，更可體會到「三好、四給、五和」帶給人們內心的寬慰、平靜及喜悅；不僅是佛教徒應該遵循的行為準則，亦是我們每一個人於日常中都應該學習的生活智慧。

本書透過一則則真實且鮮活的故事，啟發著個人內心的陽光及善念。例如，書中提及一位師姐在醫院給予一對母女醫療費用的協助，並請求醫生保密，此種無私不求回報的慈悲，不僅舒緩了母女的困難，更在彼此心中種下了良善的種子。另一個故事講述了一位醫生助友卻遭背叛，最終在佛教因果輪迴中解開疑惑，以慈悲與寬恕，宥恕了他人的行為，同時亦解開了禁錮自己痛苦的枷鎖，為自己種下美好的善因。又一則故事，講述佛光山利用「雲水書坊——行動圖書館」將荔枝送到偏鄉給弱勢族群，此一互惠的善行，不僅解決了果農的銷售問題，還溫暖了許多孩子的內心。

而書中的一篇〈異域軍魂 魂兮歸來〉讓我深有感觸，尤其是星雲大師在面對遠征軍異域英靈的感念，烈士們為國捐軀，客死異鄉，漂泊的魂魄終於在政府的幫助下得以歸來，在在地提醒我們要心存感念，勿忘每個平安祥和日子的背後，是多少無名英雄默默奉獻，希冀透過佛法的祈願祝福，告慰先烈英靈的奉獻。書中種種實踐典範，無不昭示佛光山矢志不渝踐行「三好、四給、五和」崇高慈悲理念的精神。

人世間所面臨的果不論善果或惡果，皆是緊隨其因而來，導善的綱常教義亙古亙今永傳不墜；禍兮福之所倚，福兮禍之所伏，人間事，總歸是在禍與福之間擺盪，所有的苦難、不如意都是一種修鍊，所有的修鍊都讓自己變成更好的自己。《慧心傳道覺有情》一書藉由一篇篇看似平常卻不平凡的故事，將佛法的精髓深注其中，而一個個真實的故事，生動地演繹了佛法於日常生活中賦予內在心靈的啟迪和力量。書中所述之故事，著實令我深刻體會到「以善待人，必有善報」

的真諦。每一個善行都是無形的種子，種下的是慈悲，收穫的是和諧與幸福。善意的傳遞，不僅可以改變他人的命運，更能淨化自己的心靈，使我們在喧囂的現代社會中找到心靈的寧靜。

由於長期從事醫療工作，本人深知醫療不僅僅是治病救人，更需要提供患者心靈的關懷和精神的支持，以維持其身心靈平靜的良好健康狀態；如何在繁忙的醫療工作中，保持個人內心的平靜與智慧，以慈悲心尊重病患，是醫療從業人員需要面對的重要課題。如同書中提到的佛光山在救災行動中，在在強調「救災同時要給對方尊嚴」，這種尊重他人尊嚴的救助理念，無不展現了佛教慈悲的真諦，溫暖了受助者心靈，更為困境受難者帶來了安慰和力量；這種人性化的關懷，與醫學倫理所強調的貼近人性之優質化照護有著異曲同工之效。

作為醫療工作者，不僅肩負著治病救人的重任，更應該以帶著溫度的慈悲心、智慧心來對待每一位患者；「一燈能除千年暗，一智能滅萬年愚」，感恩《慧心傳道覺有情》的出版，為我們心靈點上一盞明燈，以佛教的善知識豐富內在力量，指引醫療工作者在繁忙的醫療工作中保持內心的平靜與智慧，用慈悲心對待每一個生命，實踐醫療與人文關懷的完美結合。

最後，再次感恩佛光山為弘揚佛法、造福社會所做出的不懈努力；祝願《慧心傳道覺有情》一書如同一盞明燈，傳遞到眾人手中，「以一燈傳諸燈，終至萬燈皆明」，點亮你我心中的善念，開啟心靈的善智慧。「千山同一月，萬戶盡皆春。千江有水千江月，萬里無雲萬里天。」

高雄榮民總醫院　陳金順

推薦序

真善義的三好事蹟

結緣相識慧傳法師多年，長久以來蒙其在研習佛法這條路徑上指點迷津，始得撥雲見日，心中一直尊他為師。在擔任屏東縣政府副縣長期間（二〇〇四年至二〇〇六年），曾經與他同台為縣政府主辦集團結婚的新人證婚與祝福，他以非常睿智幽默的方式，將佛教有關婚姻中夫妻相處與家庭經營，侃侃道出勉勵新人，讓人如沐春風如浴愛河。

在屏科大擔任校長（二〇〇六年至二〇一四年）時，一直以這位身在佛門弘法的傑出校友為榮，因此邀請他回母校為學弟妹們演講「佛法在管理學上的應用」，法師精采巧妙的譬喻，將佛法與管理學相通之處融而用之，並舉出相當貼切的實例印證，令人聞一知十而茅塞頓開。在屏東大學擔任校長（二〇一四年至二〇二二年）時，也曾經於二〇一五年邀請他來校講演「三陽和諧　春來福到」的生命教育，法師勉勵合校將近一年的屏東大學師生同仁要有慈悲柔和心，如此屏東大學的明天一定會更好。記得當時演講內容曾談到美國 NBA 的明星籃球選手，他都能如數家珍般地詳細介紹，涉獵之廣之深有如球評，可見法師在出世的佛門中，仍踐行星雲大師「人間佛教」入世弘法的方便思惟。

二〇一七年大女兒結婚時，決定要在佛陀紀念館以佛化婚禮進行，請諸佛菩薩為證，慧傳法師聞訊親臨五和塔為其主法，莊嚴隆重的婚禮，讓新人倍感佛法的福澤加被。

法師自二〇二一年出版第一本《奮起飛揚在人間》後，仍持續在弘法修行之餘筆耕不輟，他在自序中提到自二〇二一年底迄今，為保持這股寫作習慣，每週在臉書至少發表一篇文章，如今集結成冊即將付梓，書名定為《慧心傳道覺有情》即為嵌入其法號，更重要的是「慧心傳道」為星雲大師在一九九四年之手書墨寶，當年贈予慧傳法師勉勵其弘揚佛法利益眾生。個人非常幸運能先睹六十八篇文稿，分別收錄於「以法為會」、「秋月禪心」、「悲心救苦」和「人間有愛」等四章中，內容均是真善美的三好事蹟，文筆敘事相當流暢易讀。每一篇文章除了以人間真實事例做為內容主體外，更援引佛教經典、公案故事等，不僅以古鑑今，更將佛法精義不落痕跡地融入文章之中，讓人在閱讀法師有感的紀事、或回應國內外即時新聞事件的文章時，無形之中也因感受到佛法法義的浸潤與薰陶，發人深省，並啟迪內心善根。

慧傳法師博覽群籍通曉古今，演講、開示時更能旁徵博引，舉凡生活中的細微體驗，體育運動中的籃球、棒球賽事，或是詩詞吟唱，均能讓他在人間佛教弘法傳道時，成為吸引大眾專注聽法的最佳輔佐。這些特色貫穿在本書的每一篇文章中，讀者都可以細細覺察體會，讓閱讀時更能一鼓作氣、一氣呵成。

慧傳法師殷囑我為本書作序，自忖於佛法所學所知有限，初甚猶豫而不敢造次。唯思及自己從事教育多年，若能以教育工作者的身分引發大眾閱讀本書，也算一樁善行，遂將長久以來與法師之結緣，及初閱本書文稿之所感，略記如上並以為序，阿彌陀佛！

義守大學校長　古源光

推薦序

願心昇華

很歡喜接到傳院長來訊，即將出版新書《慧心傳道覺有情》，有機會先睹為快。書中每一個實際案例的背後，都蘊含星雲大師的慈心悲智以及傳院長實踐的心路歷程。但寫序卻令我汗顏，因為是佛法的門外漢，只好選擇傳院長和我最近實際互動的經驗略綴數言，填充版面。

二〇二三年五月傳院長向我提起希望在美國西來大學成立棒球隊，一方面為台灣中學或大學棒球員旅美發展開拓新的一條路，一方面透過棒球促進西來大學與美國加州洛杉磯社群的互動。乍聽之下覺得難度很高，因為要成立運作棒球隊的經費龐大，而且西來大學也缺乏體育運動的基礎資源。但一次偶然的因緣，我反復看了傳院長以星雲大師心路歷程闡釋「願心昇華」的文章，若有所悟。

於是，二〇二四年二月一日過年期間，我前往洛杉磯西來寺，和西來大學謝校長、郭國際長及榮譽教授 Lancaster 討論，普門中學或南華大學棒球隊學生前往西來大學成立棒球隊的可行方案。結果，整理出「去 LA 比賽準備選秀」或「去 LA 學習專業當經理」兩類方案。甚至發現美國 LA 社區大學生會有興趣就讀西來大學進而轉往南華大學，以便來台灣晶圓公司實習，有利於未來進入美國台積電或其他晶圓企業工作。

上述這些發現對於我接任南華大學校長職務有很大的幫助，然而引發探索這議題的緣起，卻是傳院長創造的因緣。事後，傳院長告訴我，這構想他已經想很多年了，一直到我轉任南華大學，承襲星雲大師「體育弘法」的任務，他才主動向我提出。沒想到九個月之後就理出發展的頭緒和策略。驀然回首這歷程，心想，這大概也是「慧心傳道」的一種吧！是為序。

南華大學校長　高俊雄

自序 一幅墨寶的奇緣

二〇二一年十月承蒙佛光文化的協助，出版了我有生以來第一本書，名叫《奮起飛揚在人間》，內容闡述星雲大師二〇〇九年至二〇二〇年新春賀詞的意涵，想不到出版至今已經八刷，共發行了一萬五千多套，非常感謝讀者的支持。

自從此書出版以後，讓我對寫作產生了小小的興趣，因此告訴自己要繼續寫下去，以免好不容易醞釀出來的感覺消失。遂於臉書（Facebook）成立「慧心傳道」專欄，告訴自己每週至少要發表一篇文章。最初兩個月，先刊登《奮起飛揚在人間》中星雲大師及各界社會賢達的序文，二〇二一年十二月一日開始發表第一篇文章〈一句話的鼓勵〉，接著將在弘法、工作、生活上的所見所聞，一一發抒自己的淺見。想不到發表以後，受到廣大讀者的歡迎，其中有好幾篇文章都受到上萬讀者的關注及點讚，這是我始料未及。

就在今年（二〇二四年）三月，佛光文化社長滿觀法師向我提到「慧心傳道」專欄的文章，可以結集出版，因為裡面的內容都是敘述真善美的事蹟，符合人間佛教的思想，也吻合大師推動三好（做好事、說好話、存好心）的理念，而且和《奮起飛揚在人間》勵志風格有所區隔，聽到他的睿智分析，讓我獲益良多，真是感謝。

接下來我請都監院慧勝法師幫我從臉書「慧心傳道」專欄，將文章、照片一一下載下來，然後交給責任編輯美智師姑依文章內容請我的助理慧裴法師幫忙找出畫質高的相片……，就這樣經過半年，此書終於要出版。在此感謝大家的協助和幫忙。

本書之所以取名為《慧心傳道覺有情》，是因為一九九四年六月家師星雲大師送給我一幅〈慧心傳道〉墨寶，當時我在佛光山北海道場（位於三芝石門）擔任住持兼叢林學院男眾學部副院長，因為位於美國西來寺的國際佛光會世界總會需要有人前往協助會務，於是大師指示我前往擔任副祕書長，當下我沒有猶豫就答應。過了不久，就收到這一幅〈慧心傳道〉墨寶，真的非常感謝師父上人的厚愛，給了我這麼一幅珍貴的墨寶。從墨寶中我體悟出大師期許我要以一顆慈悲智慧的心，前往國際佛光會推動會務，照顧會員。師父這麼有意義的開示指導，讓我對未來的工作充滿了憧憬和期盼，並暗自發願絕不辜負師父上人的期望！

收到墨寶至今整整三十年，我努力達成大師對我的期望，雖然無法完全做到，但這三十年歷經各種職務，如：佛光會正（副）祕書長、青年團執行長、西來寺住持、美洲《人間福報》副社長、中華人間佛教聯合總會聯合主席，乃至現今佛光山的都監院院長、佛光山常務副住持、普門中學董事長及《人間福報》發行人，這每一項工作都是我學習的資糧，且從接觸的人事物當中，得到許多啟發，因此才有辦法在短短兩年，將這些感悟一一發表出來，除了記錄當時的感動，也感謝各界人士的多方協助及幫忙。此乃取名為「慧心傳道覺有情」的因由，敬請大家多多指教！

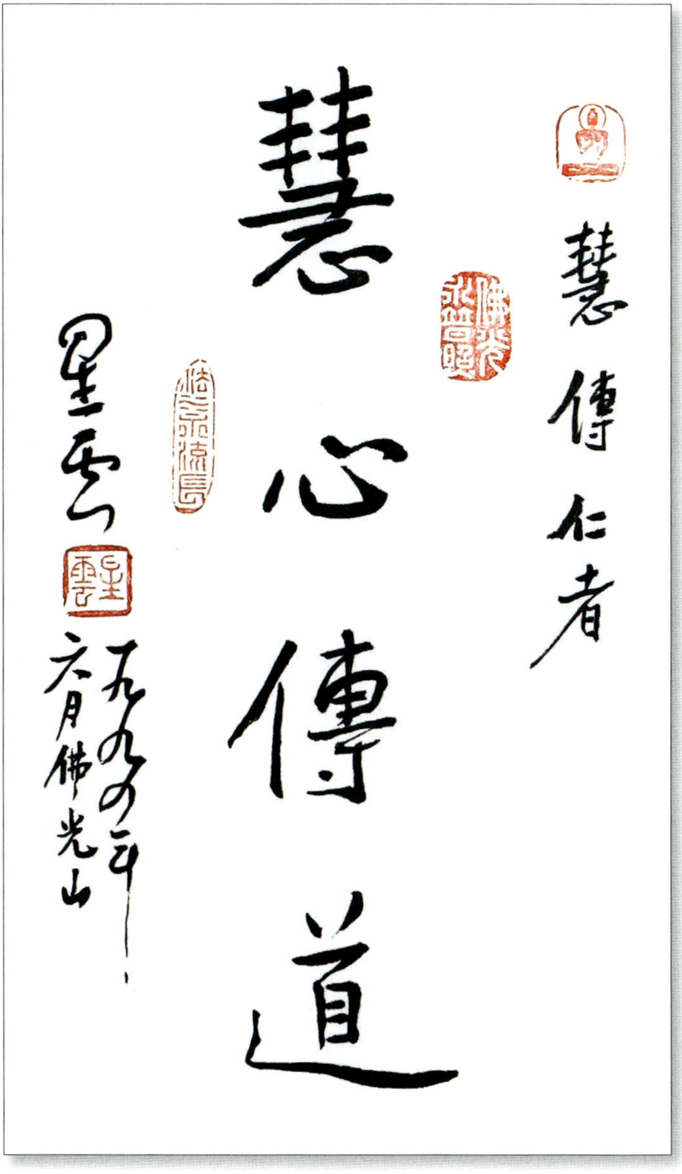
慧傳仁者
慧心傳道
星雲
六月佛光山

法依止
星雲

壹

以法為會

1

星燈不滅 大師再來人間

二〇二三年的元宵節，佛光山開山祖師星雲大師圓寂了。大師選擇元宵佳節示現無常，我想原因有二：一者，元宵節是立春以後的第一個節氣，代表春天的到來，也是來年生命的開始。大師住世時曾對我們說：「我不怕死，老病死生，是人生的一部分。你們不要為我難過，應該為我歡喜，我只是去換一個健康的身體再來。」「老病死，生」，象徵大師的圓寂不是滅亡，是下一期生命的開始，因為他說：「我來生還要做和尚。」

記得二〇一六年「國際青年生命禪學營」在佛光山舉行，我們恭請大師和來自世界各地的學員暨全山大眾接心，現場並開放提問。有位來自菲律賓的學員Lady Ann Ciraco向大師表示：「我們向您保證，十年後，所有光明大學的畢業生

菲律賓光明大學信仰天主教的女學生 Lady Ann Ciraco 向星雲大師表示，十年後會傾盡所學，為世界和平努力。

都會弘揚人間佛教，而我將傾盡所學，為世界和平努力。」大師聽後真誠地回應：「如果我活不到那天，來世，我會再來看你們。」此句「來世再相見」的感性告白，不就印證大師說的「我來生還要做和尚」嗎？

元宵節是年後的第一個月圓日，大師在此「華枝春滿，天心月圓」的日子圓寂，相信一定有深深的意涵，或許大師在告訴我們，他此期生命雖已化世圓滿，但荼毗（火化）後燒出舍利，表示他的「法體真身」永遠和我們在一起，而他所留下的三百九十五冊《星雲大師全集》，則象徵「法身不滅」，如果我們能將全集裡面的般若智慧，運用在日常生活中，同時踐履「心懷度眾慈悲願，身似法海不繫舟；問我一生何所求，平安幸福照五洲。」相信星雲大師時刻都和我們在一起，這就是所謂的「星燈不滅」。

星雲大師荼毗後燒出舍利。

2 靈山勝會願相逢

近日佛光山舉行「如是我聞憶師恩」講習會，會中傳燈會會長慈容法師提到，星雲大師最初到宜蘭雷音寺駐錫，那時寺裡只有一位比丘尼，每日除了早晚課誦，及一些佛事法會，沒有其他弘法活動。說到這裡，勾起了我在美國西來寺的一段往事。

二〇〇〇年四月一日星雲大師創辦《人間福報》，不久後大師到美國西來寺，指示我們辦理美洲版《人間福報》，並任命慈容法師擔任社長，我擔任副社長。雖然大家都沒有經驗，但在大師睿智的指導下一一克服難關，終於在二〇〇〇年七月十五日正式出刊。

籌辦美洲版《人間福報》期間，大師特別交代我們，這一份報紙是屬於大家的，我們要懂得報導其他佛教團體的新聞。當時負責編輯的法師遵照指示拜訪友寺，但一個月後卻沒有回音，詢問以後才知道他們不太願意刊登，有些道場認為他們只有早晚課誦、初一十五法會，及佛菩薩聖誕的法會，沒有什麼好報導。有些人回應更讓人瞠目結舌，因為他們擔心新聞報導出去，會有很多人來參加法會，造成停車的問題及交通阻塞，也會打擾附近鄰居，被控訴……凡此種種，讓人無語，也讓人擔憂佛教的前途發展。早年台灣封閉保守，為何到了這麼發達的美國也是同樣的心態呢？為何大家沒有大師那樣的高瞻遠矚？沒有大師勇於突破困境的決心和毅力呢？

回想大師早年接受李決和居士等人邀請，前往宜蘭雷音寺弘法。早期雷音寺因為環境太差，一般法師去了一次，就不會想再去；但大師不但前往，且駐錫在此地弘法，將暮氣沉沉的宜蘭變成生氣蓬勃的佛教復興基地。一個慶祝佛誕節的

民國四十五年星雲大師與佛教青年歌詠隊於宜蘭念佛會講堂合影。

活動，竟然來了三萬人參與，當時宜蘭的人口只有五萬人。大師為了改變老人佛教、經懺佛教的形象，成立了青年歌詠隊，雖被保守的佛教徒恐嚇辱罵，認為這是離經叛道，但大師仍勇往直前沒有退縮。戒嚴時期大師經常下鄉弘法，雖被警察警告驅離，仍據理力爭，沒有懼怕。他為了讓佛教有一個發聲管道，創辦《人間福報》、「人間衛視」，雖歷經千辛萬苦，資金短缺，仍不畏艱難克服各種難關。為了培養知書達禮及兼具「品德、品質、品味」之社會中堅人才，大師創辦五所大學，雖然讓佛光山負擔吃重，也決不放棄；因為他希望「把大學留給人間，把成就留給社會，把智慧留給自己，把功德留給子孫」。

大師雖不諳英語，仍勇於接受王良信居士邀約前往美國開疆闢土，期間受到當地政府部門的質疑、受到同是佛門中人的誣告、受到華人異教徒的舉牌抗議；為了獲得附近居民的認同，住持慈莊法師帶領法師在寒風苦雨中請人簽名支持建寺，這樣經過六次公聽會、一百多次協調會，才於一九八八年建成佛光山美國西來寺。凡此種種向困難挑戰的實例，不勝枚舉啊！

總之，今天佛光山可以「佛光普照三千界，法水長流五大洲」；僧信四眾可以「讀萬卷書，行萬里路，做萬種事，度萬種眾，修萬種行」，是大師勇於向困難挑戰、勇於向陋習弊端革命、勇於突破改革，才能走出佛教的老舊道路、走出經懺佛教的道路，我們才得以開拓思想領域，擴大心胸遠見，增廣見聞，光大佛教。

我們何其有幸，能夠皈投在星雲大師門下，學習人間佛教，實踐三好四給，服務眾生，共創五和的人間淨土；我們要共同發願，盼望大師早日乘願再來，讓我們一起做大師的常隨眾，相信「靈山勝會」百萬人天聆聽佛法的盛況一定早日到來。

佛曆二五〇一年佛誕節，星雲大師攝於高雄佛教堂。

3 為什麼要用音樂弘法

為緬懷佛光山開山祖師星雲大師，佛光山紐約道場和國際佛光會紐約協會，二〇二三年六月九日於紐約皇后大學 LeFrak 音樂廳，舉辦「永恆的星」公益音樂會。音樂會由紐約大都會交響樂團、百老匯聲樂家和波士頓大學等出色音樂家們共同演出，藉由音樂穿越星空與星雲大師接心。

此音樂饗宴意義殊勝，除了佛光人參與外，各界愛好音樂的人士，及有心追思緬懷大師的嘉賓也紛紛共襄盛舉，連紐約市市長亞當斯、市議員黃敏儀，及僑務委員會諮詢委員王金智等社會名流都前來參與。音樂會結束後，感人肺腑的音

「永恆的星」公益音樂會。

聲及大師慈悲的行誼，久久盤旋在大家的腦海中，無法忘懷。

燕嫆會長說，〈三寶頌〉是平日會議、活動都會唱的佛曲，但當天以管樂加上管風琴演奏，居然是如此地震撼，感動到淚流不停，心中更升起對三寶的敬仰。

美琳師姐說，原本以為只是一場古典音樂，沒想到《人間音緣》可以用西方的音樂詮釋，尤其背後的大螢幕，以沙畫藝術的方式敘說星雲大師的故事，讓我們全家感動。我的孩子居然告訴我：「你們下次去佛光山，我要跟你們一起去做義工。」

知名女聲樂家張小清表示，當她演唱〈師父頌〉和〈一顆永恆的星〉時，內心非常地感動，想要多了解星雲大師，所以開始閱讀大師的著作。

另有當地的美國朋友說，佛教音樂結合西方的樂器，讓人不覺得是佛教音樂，當下就是感動與歡喜。

回想二〇一六年，也就是佛光山開山五十週年，星雲大師寫了一篇文章，名叫〈佛光山未來展望〉，內文提到：「未來佛光山要重視教育、文化、藝術、體育、音樂、學術、資訊的發展，擴大佛教人事的參與。」從這一段話可以看出，大師很重視「以音聲做佛事」、「以音聲弘揚佛法」。這是什麼原因呢？

一九七九年，大師成立「佛光山梵唄讚頌團」，巡迴亞、美、歐、澳等三十多個國家，讓西方人士感受到東方的梵唄，宛如天籟般的美妙。後來，為了順應當代社會的需要，及人間佛教弘法的多元發展，佛光山於二〇〇三年規劃「人間音緣——星雲大師佛教歌曲發表會」，將大師的法語詩偈編輯成一本詞庫，並公開徵曲及發表。想不到此訊息發布以後，受到五大洲喜歡音樂的人士熱烈響應，不但將大師的法語詩偈翻譯成十多種語言，且以不同型態譜曲創作，還隆重地舉行發表會，並發行光碟、卡拉OK及放入網路，提供社會大眾聆聽。期盼佛曲的創作能傳唱到各階層，為社會帶來善美的三好人生。

大師在〈真誠的告白——我最後的囑咐〉提到：「對於人生的最後，我沒有舍利子，各種繁文縟節一概全免，只要寫上簡單幾個字，或是有心對我懷念者，可以唱誦《人間音緣》的佛曲。如果大家心中有人間佛教，時時奉行人間佛教，我想，這就是對我最好的懷念，也是我所衷心期盼。」可見大師對「以音聲弘法」及「人間佛教」的推廣，是多麼地重視。

今天佛光山紐約道場及國際佛光會紐約協會，聯合舉辦「永恆的星」公益音樂會，邀請了世界級音樂家，演奏大師《人間音緣》的歌曲，藉此緬懷追思星雲大師，同時實現大師「以音聲弘法」的心願，對於他們的奉獻發心，不但令人讚歎，並給予高度的肯定。

一九九九年，中華民國總統李登輝蒞臨佛光山，為即將前往歐洲巡迴演出的「佛光山梵唄讚頌團」授旗，由星雲大師代表接受。

4 農曆七月的省思

記得小時候，每到農曆七月，長輩都會告誡我們這些小朋友不可以去玩水、郊遊，要乖乖地待在家裡不可以亂跑。如果有人想結婚會遭反對，有人要搬遷會被勸阻，商家更少有人敢開張做生意，房地產業則坐困愁城，餐廳、照相館乏人問津，甚至於生病也要等到七月以後才敢開刀，凡此種種，皆因為七月的緣故，為何七月如此諸事不宜呢？

民間認為，七月初一閻王興慈，廣開鬼門關讓眾等鬼魂出來，接受陽間各界人士的超度與供養。這時候有人祭祀的鬼魂，會回家接受子孫香火供養，沒有人祭祀的鬼魂，則四處遊蕩徘徊，人們擔心沒有好好地招待，會惹得祂們生氣，因而遭殃，因此對祂們禮敬有加，稱呼上也不敢直呼其名，而以「好兄弟」尊之。招待上亦不敢怠慢，殺豬宰羊，廣設宴席普施鬼道眾生，同時燒一點金銀紙錢讓他們在陰間地府可以使用。行事上也特別地小心，以免惹鬼上身，甚至於被找去當替死鬼。就這樣子，每年七月的鬼道眾生，在人間過著備受尊崇的好日子，一直到農曆七月三十日才被收回，重新過著暗無天日的鬼生活。對於這種種的傳說，我有幾句話不得不說。

西晉竺法護將《佛說盂蘭盆經》譯成漢語，因內容著重在孝親報恩，立即受到崇尚孝道的中土朝野人士擁護和歡迎。至南朝梁武帝於大同四年（五三八），在同泰寺設盂蘭盆齋供養十方僧眾，以報父母、祖先恩德，自此以後每逢七月十五日即廣修盂蘭盆供，也因梁武帝的大力提倡，僧信各界無不效法施行。此種風氣，到了唐朝更是盛況空前，日僧圓仁以其自身的見聞、經歷，在他的《入唐求法巡禮行記》中，記錄了當時京城盂蘭盆會張燈結綵、道場普施供養、皇宮送盆進寺、官人音樂儀仗、百姓競修功德隨喜參拜的歡樂景象，場面不但熱鬧隆重，並且都能謹遵佛意，以敬佛、供僧來報答父母先亡。

到了宋代，因受到道教中元節地官赦罪，流行道士誦經普度眾鬼的影響，及世俗之人無不希望自己的親人脫離鬼道之苦，加上自古以來祭拜祖先的習慣，盂蘭盆會的意義及形式發生了極大的變化，供佛齋僧變成超薦亡靈、祭祀祖先，盛放百味飲食的「盆」器，不是供僧，變成普施餓鬼。

此種揉合民間風俗習慣，加上民間穿鑿附會的說法，七月漸漸地變成祭鬼的月分，而不是藉著供佛齋僧的功德，薦拔七世父母出離三途之苦，福佑現世父母無病無惱，福壽綿長。此種風俗流傳至今，衍生出許多原本沒有的活動，如七月十五日當天，設中元壇、孤魂壇、普施壇，早上禮請僧道誦經，引導十方鬼魂入壇受供；傍晚施放一壇燄口，普施一切餓鬼，最後在念誦經咒聲中，在野外拋撒糕餅等食物，在河邊放蓮花燈，在空地焚燒法船及靈屋、冥錢。民間為了討好諸餓鬼，屠殺牲畜、備辦珍饈美味，以求消災免難、平安吉祥，因此造成無數生靈

慧傳法師拈香。

命喪刀下，讓本是充滿無量功德的供佛齋僧，變成奢侈浪費、勞民傷財的大拜拜，難怪知識分子誤解佛教迷信無知，真是冤哉枉哉！想想佛教提倡慈悲濟世，怎麼可能鼓勵信眾殺生祭祀，增加亡者的罪孽？

到了民國，農曆七月十五日仍舊依照傳統禮俗，誦經施食，但也逐漸地重視供僧的活動。星雲大師為了導正民間鋪張祭祀的習俗，提升信仰的層次，還盂蘭盆節一個真正的面目，特將農曆七月定為「孝道月」、「報恩月」、「僧伽月」、

「福田月」、「功德月」、「吉祥月」；除了積極發揚盂蘭盆節供佛敬僧、孝親報恩的精神外，也配合民間超度先亡的風俗，舉行「瑜伽燄口」、「三時繫念」等普濟十方一切幽靈，功德回向一切眾生的佛事法會。並藉著素食代替葷食，以慈悲普濟、莊嚴隆重的氣氛，接引更多的人參與及支持，以達改善民間殺生、浪費的風俗。

5 農曆七月不是「鬼月」

我在〈農曆七月的省思〉一文提到：「星雲大師為了導正民間鋪張祭祀的習俗，提升信仰的層次，還盂蘭盆節一個真正的面目，特將農曆七月定為『孝道月』、『報恩月』、『僧伽月』、『福田月』、『功德月』、『吉祥月』。」大師為何會這麼說呢？

印度每到夏季，大約會有三個多月的雨期，佛陀為了避免僧團外出遊行乞化，傷害到地面之蟲蟻及草木的新芽，招惹世人的譏評，乃沿用當時印度沙門的習慣，安住一處精進修行；待三個月的夏安居圓滿，僧眾會舉行「自恣法」，也就是僧眾自行舉出所犯過失，於大眾中懺悔發露，內心得到清淨，心生歡喜，稱為「自恣」，所以農曆七月十五日又稱「僧自恣日」。而佛陀因知悉弟子們修持有成、道德增上，於此日證得無上佛道，內心也歡喜無比，故亦稱「佛歡喜日」。

據《盂蘭盆經》記載，目犍連尊者的母親，因為過去輕慢僧人、毀謗三寶，後來墮入餓鬼道受無邊苦痛。尊者以神通力也無法濟拔其母脫離苦難，於是求助於佛陀；佛乃說其母罪業深重，非一人之力可以救度，必須備辦百味飲食，於七月十五日供養十方自恣僧，仗著自恣僧懺悔解脫的清淨功德力，及誦經祝願威神力，才有辦法救度其母解脫倒懸之苦。目犍連聽佛陀說後，歡喜奉行，在僧自恣日供養聖僧大眾以後，其母即於是日脫離餓鬼之苦，上升天界。

因而《盂蘭盆經》說：「其有供養此等自恣僧者，現世父母、六親眷屬，得出三塗之苦應時解脫，衣食自然；若父母現在者，福樂百年；若七世父母生天，自在化生，入天華光。」也就是供養此等自恣僧的人，現世父母得以福報綿綿，過往父母及七世父母能夠自在化生，入於天界，領受妙華光明的喜樂。後世遂有在僧自恣之日（農曆七月十五日），以百味飯食等供養十方眾僧之舉，此乃為「盂蘭盆」之濫觴。

所以從《盂蘭盆經》的開導，我們可以知道盂蘭盆會是著重在供佛齋僧、孝親報恩，仗著十方清淨僧濟拔親眷群靈，此和民間「中元普度」，開放鬼門關，讓好兄弟出來接受普度，及道教地官大帝赦免眾等亡靈罪業，得到解脫的概念是不同的。

從以上的說明，我們可以了解星雲大師為何會說農曆七月是「孝道月」、「報恩月」，因為可以藉此法會讓我們孝親報恩、祈福修善，並追思超薦父母及歷代宗親。為何又稱「僧伽月」、「福田月」？因為十方自恣僧此日發露懺悔，心得清淨，功德無量，眾生種植「福田」必定福報無邊，憑藉此種威德力才能圓滿我們孝親報恩的心願。為何又稱「功德月」、「吉祥月」？綜合上述的看法，僧眾證悟了、祖先超度了、父母得福了、亡魂解脫了，佛陀都跟著歡喜了，這不就是功德月、吉祥月的意思嗎？所以我認為農曆七月不是「鬼月」，是星雲大師所說的「孝道月」、「報恩月」、「僧伽月」、「福田月」、「功德月」、「吉祥月」。

二〇〇七年，西來寺供僧法會。

6 如何超度亡靈？

梁武帝像。

我在〈農曆七月的省思〉及〈農曆七月不是「鬼月」〉已經對盂蘭盆會的緣起及意義做了說明，接下來探討參加法會要用什麼心態參與，方能功德無量。

首先我們來了解梁武帝為何會囑咐寶誌禪師集合當時高僧，依照經律的懺罪要義，輯錄完成《梁皇寶懺》？因為梁武帝想要超度郗氏脫離蟒蛇之身的苦痛。為何貴為皇后的郗氏會墮落畜生道呢？

懺文如是說道：「蟒則昔之郗氏也。妾以生存嫉妒六宮，其性慘毒，怒一發則火熾矢射，損物、害人死。以是罪，謫為蟒耳。」也就是說郗氏生前嫉妒其他側室嬪妃，動心發口有如毒蛇；因為心懷瞋毒，以致死後墮入蟒蛇之身，受無邊苦痛。

這一段自白是很重要的，因為郗氏已經知道自己的錯誤，加上自己正在嘗受「無飲食可實口，無窟穴可庇身，飢窘困迫，力不自勝。又一鱗甲則有多蟲唼嚙（ㄕㄚˋㄋㄧˋㄝ，啃咬）肌肉，痛苦其劇若加錐刀。」《梁皇寶懺》這一段話，點出了郗氏投胎至蟒蛇身的窘迫，所以才會託夢給梁武帝，希望皇帝能夠救拔，讓其脫離苦海。

所以當高僧建壇誦經，郗氏一定在冥冥中聆聽經文要義，深知自己過去造作種種罪業，如今才會嘗受此種苦果。現在唯有懺悔改過方能彌補前愆，所謂「從前種種譬如昨日死；以後種種譬如今日生」，在這一剎那間，郗氏心開意解和經文相應，和諸佛菩薩相應，知道行善積德的重要，終於脫離蟒蛇身之苦，穿上華麗衣服，變成容顏端正的天人上升忉利天。而目犍連尊者的母親也是相同，她想到兒子目犍連雖神通了得，卻無法濟拔她脫離苦海，可知自己罪業深重，所以當她聆聽到十方自恣僧誦經祝願，當下心生慚愧，發出改過向善之心，脫離餓鬼道，上升天界。

為何郗氏和目犍連尊者的母親可以和佛菩薩感應道交？正如星雲大師在《星雲法語．求感應之道》一文說：「要由衷懺悔：雖然『千江有水千江月，萬里無雲萬里天』，但水混濁，雲層厚，也看不到月亮和太陽。希望水清映月、撥雲見日，就要由衷地懺悔，讓心清淨，才能有感應。如《雜阿含經》載：『凡人有罪，自見、自知而悔過者，於當來世律儀成就，功德增長，終不退減。』（註1）所謂『人有誠心，佛有感應』，只要我們能時常藉著懺悔的法水來滌淨心垢，自然能與佛菩薩感應道交。」所以《菜根譚》說：「彌天大錯，抵不過一個悔字。」

從以上說明，可以知道要超度亡靈，除了靠佛力加持，及僧伽威德，還要靠自力救濟；也就是被濟拔的對象，要發懺悔慚愧之心，就好像我們打開了心房，佛陀的慈光，僧伽的誠心誦念加持，方能一一流入我們的心田，也才能聞法清淨，此是自力救濟也！

前面已經說明如何超度亡靈，接下來要探討如何超度自己，也就是在現世的人間，就去超度內心裡面的貪瞋痴煩惱，不要等到往生了才被超度，相信那是很費力的。

星雲大師在《星雲法語．超度自己》提到：「人之所以不能得度，原因很多，最重要的在於貪欲、瞋恨、愚痴不停，心中的怨親、雜念、憂愁、苦惱太多，假如我們能把心中的煩惱無明都超度了，就能獲得喜捨、慈悲、光明、平等、正覺、安樂、解脫，這將是多麼美好的人生呢！」接下來我要說明二則自己超度自己的個案。

記得二〇一九年三月二十四日在佛光山藏經樓法寶堂，舉行福慧家園共修會「人間佛教幸福百法」系列講座，邀請佛光山都監院二單書記慧讓法師主持，高雄佛教堂六度分會會長鄭景元與談，鄭會長講述他的承擔與轉變，說明懺悔發願的重要。

鄭景元會長表示，他過去是黑道分子，曾經傷害很多人。四年前（二〇一六年），因姑姑往生，到高雄佛教堂為姑姑隨堂超薦，那是他生平第一次參加共修法會。在誦經過程中，過去所做的種種荒唐事，如電影情節般，在腦中一幕幕播放；回家後仔細思考經文「往昔所造諸惡業，皆由無始貪瞋痴……」當下他如當頭棒喝，懺悔以往，發願改過向善。從此，他每週參加道場共修、上佛學課，從拜懺禮佛中體悟。學佛六十天即受持五戒、菩薩戒，人生由黑道翻轉為佛道。

學佛後，鄭景元相信善的力量，承擔會長服務大眾；利用共修的機會，尋找青年加入分會。道場舉辦活動，他用心籌備，接引不同民眾，散播人間佛教歡喜的種子。他深覺發心立願很重要，隨時保持歡喜心，不要怕壓力，有壓力才會成長。

另外還有一則故事：有一位醫生在看診的時候，中風暈倒，幸賴搶救得宜，經過十多天以後，終於清醒，但是不能言語，縱然有話要說，也是含糊不清。過了半年左右，他表達比較清楚，告訴現任的太太，想要和一位以前的同學見面，但是太太對他說，那位同學已經車禍往生了。聽太太這麼說，他沒有悲傷、也沒有高興，只是嘆息，因為無法和他的同學圓滿一段因緣公案。原來這段昏迷期間，讓他了解到這位同學為何忘恩負義，為何不斷地陷害他。

這位醫生從小很有俠義性格，他看到一位同學生活有狀況，乃資助他生活費用，甚至幫他繳學費，一直到大學，同學也因為他的幫忙成為一名醫生。他的善良慈心，卻沒有為他帶來好運，他的這位同學竟然勾引他的太太，且生了兩個孩子，因為孩子的長相和這位醫生不同，他心知肚明但沒有揭穿內情，仍視孩子為己出，扶養長大，還讓他們出國讀書。

一日，他實在忍不住了，問這位同學，為何不知道感恩，且如此殘忍地對待他？想不到他的同學，不但沒有慚愧懺悔，反而大言不慚地說：「為何我什麼都比不上你，你高富帥，我矮窮醜，我不甘心，我就是要搞得你妻離子散，搞得你身敗名裂。」

他知道此人已經失去理性，就和他斷絕往來，且與出軌的妻子離婚。沒想到前妻拿走一大筆贍養費，還放棄撫養孩子的權利，他只好吞下這分屈辱，因為他知道孩子是在他婚姻內所生，除非他提出告訴，且做 DNA 鑑定，但他不想把事情鬧大，只好繼續養育這兩個非他親生的兒女，可是內心難免苦悶，導致中風。

在他中風昏迷期間，腦海裡不斷地浮現一個景象：過去他是一位員外的帳房，他的同學則是那位員外。他生活安定、衣食無缺、工作順利，久了以後，他不甘雌伏，屈居在員外之下，遂生歹念，勾引夫人，還聯合起來謀害員外，霸占產業。

當他醒了之後終於明白，為何他怎麼樣善待這位同學，他就是不領情。所以大病初癒，他第一件事情就是要見這一位同學，告訴他這個夢境，同時要向他懺悔過去種種的罪業，也願意原諒同學這一世的種種加害，並希望今生今世了結這一段孽緣，下輩子不要再糾纏下去，可惜他車禍往生了。

此則故事，正應驗《金剛經》所說：「善男子、善女人，受持、讀誦此經，若為人輕賤，是人先世罪業，應墮惡道。以今世人輕賤故，先世罪業，即為消滅，當得阿耨多羅三藐三菩提。」

今生我們會有諸多不如意，難道不是我們過去所累積的罪業，如今一一浮現？所以當我們碰到無明眾生，不要怨懟瞋恨，而是做還債想，並將功德回向給對方，如此我們就做到自己超度自己了。從以上兩則故事可以看出，懺悔改過，當生化解仇怨是多麼重要啊！

註1：請參考《雜阿含經》卷十四第三四七經。經文重點：須深受外道的慫恿，來佛陀的僧團盜法，然後想依樣畫葫蘆宣說，以此獲取名聞利養。但須深在僧團期間，聽聞佛法心開意解，乃知盜法是錯誤的心態，因而向佛陀發露懺悔。佛陀乃開導須深：「受汝悔過。汝當具說：『我昔愚痴、不善、無智，於正法律盜密出家，今日悔過，自見罪、自知罪，於當來世律儀成就，功德增長，終不退減。』所以者何？凡人有罪，自見、自知而悔過者，於當來世律儀成就，功德增長，終不退減。」可知真心懺悔方得清淨、功德增長。

7 若無相欠　怎會再見

我在〈如何超度亡靈?〉一文提到,中風醫師清醒後的第一件事情,就是要找那位不知感恩,且勾搭他妻子的同學講話,因他夢中了知過去自己所造惡業,體悟到「若無相欠,怎會再見」的道理,所以今生要和他的同學化解此段惡緣。其實這種觀念在《高僧傳》及現實人間也是處處可見,茲舉兩個案例說明:

首先和大家探討的是安世高大師,他是古安息王國(今伊朗)王子,父王歿後,他捨棄王位出家學佛,博曉經藏,尤其精通阿毗曇學與禪。東漢桓帝建和二年(一四八)至洛陽,從事譯經工作,至靈帝建寧三年(一七〇),先後譯有《佛說八大人覺經》、《罪業應報教化地獄經》（《梁皇寶懺》第三卷〈顯果報第七〉提到）、《安般守意經》、《陰持入經》等三十多部經論，和支婁迦讖並列為東漢時期佛經翻譯的重要人物。安世高除了在翻譯上很有成就以外，還曾兩次主動前往償還果報。

據《高僧傳》卷第一記載，安世高前生是一位出家人，一日拜別同參道友，來到廣州，當時正逢寇賊作亂，行進之間，他碰到一位提刀少年，怒氣沖沖地說：「你終於被我找到了！」此時安世高（前生）並沒有慌張害怕，反而微笑地說：「我過去生虧欠你一條命，如今特地前來償還。」說完伸長脖子準備挨刀。少年毫無遲疑地揮動快刀，砍殺了安世高（前生），於是他的一縷神識飄到安息國，投胎為該國的王子，便是今世的安世高。

後來安世高捨棄王位，來到洛陽，開啟譯經弘法之路。靈帝末年戰亂，他振錫前往江南，途中度化了一條大蟒蛇。原來這條大蟒蛇的前世也是一位出家人，是安世高的同參道友，因生性多瞋，死後墮入畜生道，但也因好行布施，成為鄱陽湖廟神，配享祭祀。

之後安世高又到達廣州，尋找前生殺害他的少年。如今這位少年已是白髮皤皤的老人，安世高對老人述說數十年前償命之事，並追敘多生以前的業緣。此時，二人冰釋前嫌，把手言歡。安世高又對老人說：「我還有殘餘業報，要前往會稽（今浙江紹興）償還。」老人聽後更是佩服安世高看淡生死、超然物外的節操，他除了對因果業報更明白，也向安世高懺悔過去所造之業，同時表明要和他一同前往。到了會稽，剛好遇到市井有人亂事，滋事者拳頭無眼，打中安世高的頭部，安世高隨即倒地不起，往生了。

老人見此情景，憶起往日傷害安世高，更深信因果報應絲毫不爽，不禁毛骨悚然，從此精進學佛，並現身說法，而聽到安世高因緣果報的人，無不悲慟惕勵，對三世因果的道理更是深信不移。

我在《奮起飛揚在人間》一書提到，佛陀成佛後仍受到十種果報，即「佛十宿緣」，分別為：孫陀利謗佛緣、奢彌跋謗佛緣、佛患頭痛緣、佛患骨節煩疼緣、

莫高窟第454窟
安世高行跡圖。

佛患背痛緣、佛被木槍刺腳緣、佛被擲石出血緣、佛被旃沙繫盂謗緣、佛食馬麥緣、佛經苦行緣。

《佛光大辭典》對此說明：「據《佛說興起行經》卷上、卷下載，如來眾惡皆盡，萬善普備，然因往劫造眾惡因，無數千歲，無量苦報猶殘餘未盡，於成道後，復償宿報，故說此十宿緣，以示人凡造惡業，果報難逃。」佛陀很坦然地告訴弟子，由於自己過去一念無明，種下惡因，所以今生今世不但不能逃避，還要勇敢地接受，方能懺除業障。

從佛陀的「十宿緣」及安世高大師心甘情願還報，給我們後世學佛者一個很大的啟示，連偉大的佛陀都會受報，更何況我們薄地凡夫。今天我們能夠學佛，參加法會求懺悔，是多麼明智的抉擇啊！

有一位越南女孩，小時候被母親賣給一群日本來的尋芳客。和越南女孩有同樣命運的幾位小朋友在不堪折磨下往生了，其中一個日本人見此情景，覺得很不道德，就把女孩帶回日本扶養，並讓她受良好的教育，一直到高中畢業。後來女孩考上了早稻田大學，但她覺得養母身體不好，加上哥哥們上學是一筆大開銷，為了不讓養父母負擔太大，她放棄學業，外出工作。工作期間女孩認識了一位來自台灣的男士，雖然這位男士年紀比她大十二歲，但她覺得他很老實，就嫁給他。婚後因公司調派，他們回到台灣。越南新娘為了照顧年幼的兒子，去學習美容護膚的技藝，開設了一間美容店，雖然收入不是很豐富，但生活還過得去。可能是自己悲慘的際遇，越南新娘很喜歡幫助弱小，在幫忙的過程中並非事事順利，但她仍秉持著「若無相欠，怎會再見」的觀念去面對人心的險惡。

有一天，一位信徒來到越南新娘開的店護膚美容，看到有一位年輕小姐送小朋友到她的店裡，好奇地問越南新娘：「妳們幫人照顧小孩嗎？」越南新娘表示，因為這位單親媽媽沒錢送三歲小朋友上托兒所，乃主動幫忙照顧，不收取任何費用，還免費供應三餐。

有一天這位信徒又去護膚美容，她聽到這位單親母親對越南新娘說：「我兒子喜歡吃牛肉，他不想和妳一樣吃素，妳應該準備葷的餐點給我兒子吃。」想不到越南新娘不但沒有生氣，還客氣地回答：「妳放心，我會給妳的孩子吃有營養的東西。」事後信徒很訝異地問，妳為什麼不生氣？妳這麼好心幫助她，她卻得寸進尺，不知感恩，越南新娘卻輕鬆地回答：「就當是前世欠她的，也許還加快了我還債的速度，為何要生氣。」

信徒又再次來到她的店裡，聽到外頭有吵鬧的聲音，一看，原來是一群老人家在罵一對老夫妻，說這對夫妻不知感恩，隨便誣賴越南新娘，如果再亂講話就要揍他們。信徒好奇，詢問怎麼一回事？原來是越南新娘同情巷子裡一些貧窮獨居的老人，因而經常買些蛋糕麵包和他們結緣，讓他們感受社會的溫暖。但有一對老夫妻，竟然說吃了麵包上吐下瀉，要越南新娘給他們一千元補償，其他的老人家聽了以後，憤恨不平，紛紛站出來主持公道，並罵這一對老夫妻不知感恩，此時越南新娘出面當和事佬，才解決紛爭。

等大家離開以後，信徒問越南新娘，以後還會買東西給他們吃嗎？越南新娘竟然回答：會。並說或許他們真的需要這一千元，才會糊里糊塗說出違背良心的話。讓人更想不到的是，事後越南新娘還私下拿一千元給這一對老夫妻。縱然碰到這樣的汙衊，越南新娘還是秉持著「助人為樂」、「若無相欠，怎會再見」的理念，真是了不起。

越南新娘雖然對其他的人如此地善良，唯獨對母親賣掉自己，一直耿耿於懷，無法原諒，所以不願意回越南探望母親。但自從學佛以後，了解因果業報，乃說服自己，母親雖然不仁，但我不可以不義，如果我都不伸出援手，誰會去幫母親洗刷償還今生的罪孽。於是，她知道母親喜歡金子，乃拿出積蓄，買了二十支金條，請人拿到越南給母親，同時交代了一句話：「親愛的媽媽，這些金條已經夠妳用一輩子了，請不要再做傷天害理的事情了。」

後來，她的母親往生了，還為母誦念《地藏經》，希望減輕母親的罪業。這則真人真事，說明了越南新娘奉行「若無相欠，怎會再見」的信念。

8 人生就是一場夢

黃庭堅像。

農曆七月期間，相信大家一定聽過許多懺悔消業、解冤釋結及有關因緣果報的故事。今天要和大家探討的是黃庭堅前世今生的故事。

黃庭堅，字魯直，號山谷道人，洪州分寧（今江西省修水）人，宋代文學大家，其詩書畫號稱「三絕」，與蘇東坡齊名，人稱「蘇黃」。黃庭堅不只有文名，且奉母至孝，對佛法也頗有研究，常出入禪門，是臨濟宗黃龍祖心禪師的法嗣。

據說黃庭堅有一天午寐時，夢見自己出城，到了郊區看見一座小屋，門前放置一張桌子，桌上擺著一碗熱騰騰、香噴噴的芹菜麵，桌子前面有一位白頭髮的婆婆，手持香，口中喃喃呼喚：「來吃芹菜麵」，此時黃庭堅也不客氣地端起麵就吃，食畢就返回府邸。等一覺醒來，夢境仍十分清晰，尤其嘴巴還留存著芹菜的香味，他心中雖然納悶，但並不以為意，只覺得是一場夢。

隔天午寐，又出現和昨天完全相似的夢境，且口齒留香。黃庭堅甚感詫異，於是趁著記憶猶存，循著夢中路徑走出城外，令他訝異的是，路上的景致竟和夢中一樣。最後來到夢中的小屋前，見木門緊閉，他輕輕叩門，只見一位白頭髮的老婆婆出來應門，他嚇了一跳，這位老婆婆竟和他夢中所見一樣。

黃庭堅問芹菜麵之事，老婆婆回答：「昨天是我女兒的忌日，因為她喜歡吃芹菜麵，所以我備辦芹菜麵祭拜，每年她的忌日，我都會如此。」

黃庭堅繼續問：「妳女兒往生多久了？」老婆婆回答說：「二十六年了！」黃庭堅一聽，大為驚訝，自己正是二十六歲，也喜歡吃芹菜麵，且昨天正好是自己的生日，於是更進一步地問老婆婆，她女兒生前的點滴。

老婆婆說：「我女兒生性淡泊，信佛茹素，不慕虛華，非常喜歡讀書，且非常孝順，不肯嫁人，二十六歲時，生了一場大病往生了。」黃庭堅又問：「她平日都讀什麼書？」老婆婆回答：「不清楚。」隨後指著屋裡一個大木箱說：「她所讀的書都放在裡面，你可以進來看看，但我不知道鑰匙放在哪裡？」此時黃庭堅往某處一探，竟然找到鑰匙，他打開木箱一看，發現都是自己熟讀的書籍，且壓在書本下的文稿，雖是其女所寫，但讀起來像自己所寫；更神奇的是，他發現自己每次參加考試所寫的內容，都在其女的文章裡面。此時黃庭堅終於明白，原來自己今生對文章的認識理解，都是上輩子已經練就完成。

此時，黃庭堅已經清楚了解，眼前這位老婆婆就是他前生的母親，於是將老婆婆迎回州衙，奉養終身。他還特別自題詩偈說：「似僧有髮，似俗脫塵；作夢中夢，悟身外身。」意思是說自己雖然是個帶髮的在家人，內心卻是嚮往出家生活的法同沙門；雖然生活在五欲六塵之中，卻不為俗塵所染汙。感嘆人生就是一場夢，夢中還做了一個前世的夢，體悟今生幻化的五蘊身之外還有個拘累之身，真是「夢裡明明有六趣，覺後空空無大千」啊！

9 往生阿嬤喊肚子餓

我在〈人生就是一場夢〉一文提過黃庭堅的輪迴故事，如果讀者想進一步了解生死輪迴的故事，可以參考星雲大師〈佛教對輪迴的看法〉，裡面有許多精采的內容，如五祖弘忍大師、蘇東坡與五戒和尚、明代大儒王陽明及「緣訂三生」圓澤禪師等輪迴故事。另外拙著《奮起飛揚在人間》〈曲直向前，如何獲得幸福與安樂〉，也提到一位薩爾瓦多師姐夢到西來寺的故事。接著我要和大家分享一則阿嬤往生後喊肚子餓的故事。

有一位從事教育工作的信徒跟我說，他從小和阿嬤相依為命，阿嬤信奉民間宗教，曾被乩童騙了錢，所以對宗教很排斥，還勸孫子不要相信任何宗教，要信自己，他真的很聽話，不去信任何宗教。這位信徒大學就讀獸醫系，經常要用動物進行解剖實驗，刀下的亡魂不少，心生不忍，漸漸覺得宗教還是很重要，因此每年會到佛寺超薦被自己解剖往生的動物，平日也會為牠們念〈往生咒〉，此事都沒有讓阿嬤知道。

後來阿嬤以九十高齡往生，雖阿嬤不信任何的宗教，但他仍然請出家人為她誦經祝願，然而他心中卻有一個疑問：「我的阿嬤有收到功德嗎？」

直到有一天，他在夢中聽到有人敲門，打開一看，是移民國外十多年的高中死黨，這位信徒不悅地說：「你太見外了，回台灣也不讓我知道。」同學沒有道歉，只說：「我回來了，還帶一個人來看你。」他往後一瞧，竟然是已經過世的阿嬤，他嚇了一大跳，趕快請他們進屋，正想問阿嬤為何會和同學一起來，阿嬤卻開口喊肚子好餓，並說：「因為找不到用餐的地方，只好到你的好朋友家裡吃飯。」正在此時他驚醒了。

過了約莫三、四個小時，他打電話給同學的母親，詢問同學的情況，其母慨嘆地說：「他已經往生五年了，昨天是他的忌日，我的媳婦還特別為他在當地做了一場佛事。」他一聽猛然驚覺，昨天不就是阿嬤的三週年忌日嗎？糟糕我竟然忙到忘記祭拜，也忘了將阿嬤和祖先的香灰合爐，難怪阿嬤會去找同學，因為阿嬤知道他們兩個高中的時候經常往來，只要找到這位同學，就有辦法找到他。這個故事雖然神奇，但有些觀點值得我們探討。

一、從阿嬤的角度來說，因為她沒有宗教信仰，雖然孫子為她做佛事功德，但不知道她往生後依歸何處？以佛教來說，臨命終時希望往生極樂淨土，是無庸置疑的，所以家屬請蓮友來助念，對亡者是有幫助的。

二、從家人的角度來說，信徒忘了幫阿嬤做三週年的佛事，然而同學的太太有為其夫做功德佛事，所以當阿嬤不知道何去何從的時候，可能是過去的好因好緣，就跟隨他同學的神識回到孫子的家，還喊著肚子餓要飯吃。這類的事情倒是聽過不少，有些信徒一忙，或因為經濟的關係，法會時少立了超薦牌位，結果長輩託夢，無法進入法會現場領受功德。可見在農曆七月為過世的親人，做功德佛事是多麼重要的一件事啊！

三、阿嬤因為選錯了宗教，被騙了錢財，才會對各種宗教失去信心。其實如何選擇宗教、信仰宗教，星雲大師在《人間萬事．人生七堂課》有一段話很值得我們參考：「人的一生，有時從小就隨著父母養成信仰的情操，有時在讀書期中就知道信仰的重要，有時則是因為工作需要，或者為了遷就結婚對象而改變信仰。不管是在任何情況下決定信仰，也不管信仰任何宗教，重要的是要信仰正信的宗教，也就是要信仰有能力、有道德，而且有歷史可考的，而不是來無影、去無蹤的神仙。當然更不可以信仰怪力亂神的邪教，因為迷信不嚴重，邪信最可怕。」大師的這一段話，不就解決了阿嬤當初的困擾？

10 朝聞道夕死可矣

孔老夫子曾說：「朝聞道，夕死可矣。」一般人對這句話的解釋是，早上聽到了真理，縱然晚上過世了，也甘之若飴。另外一種講法是，一旦明白了真理，就應該用生命去實踐它，而且為了捍衛真理，即使犧牲生命，也在所不惜。其實不論從哪個角度說明，在佛經及現實人間都可以看到。

據《涅槃經》記載，釋迦牟尼佛過去世為婆羅門時，曾在雪山修菩薩行。一日，帝釋天為了試探婆羅門修菩薩行的決心，化身為可怕的羅剎鬼，來到婆羅門修行的地方，宣說過去諸佛所說之偈語：「諸行無常，是生滅法。」婆羅門聽

莫高窟第 285 窟婆羅門聞偈捨身本生圖。

聞後，心生歡喜，請求羅剎鬼告知後半偈，羅剎鬼卻說：「我太過飢餓，必須吃活人的血肉，才有力氣告知後半偈。」婆羅門求法心切，欣然答應，但是請求羅剎鬼先告知後半偈，才捨身給羅剎鬼。羅剎鬼答應了，婆羅門因而得以聽聞後半偈：「生滅滅已，寂滅為樂。」

婆羅門聽聞之後，擔心自己如果殉道，後人就無法聽聞此偈，便將它書寫於岩壁、樹幹、道路等處，隨後信守承諾，爬至高高的樹上，縱身一躍，捨身還報。是時，羅剎鬼復還帝釋身形，自空中安然接住婆羅門，安置平地，並率天人向婆羅門頂禮致敬，並讚歎道：「善哉善哉！真是菩薩。能大利益無量眾生，欲於無明黑闇之中然大法炬。由我愛惜如來大法，故相嬈惱；唯願聽我，懺悔罪咎。汝於未來，必定成就阿耨多羅三藐三菩提，願見濟度。」

釋迦牟尼佛以此因緣超越十二劫，先於彌勒之前成佛。這是一則大家耳熟能詳「為求半句偈，捨身求法」的感人故事，而在現實人間也有類似的事情發生。

有一位青年，家世很好，父親是律師，母親是大學教授。青年高中畢業後考上台大，求學期間即獲得法律及經濟雙學位。因為成績優異，被美國哈佛大學錄取。在美國一樣獲得法律及經濟的雙碩士及雙博士學位。學業完成後青年在美國停留了一陣子，然後回台灣發展。此時他才三十二歲，可說是天之驕子。

青年回到台灣，找到一個很不錯的工作，服務一陣子之後，有一天他感覺身體非常不舒服，乃到高雄榮總檢查，哪裡知道竟然是胰臟癌末期。這個晴天霹靂的消息，讓他無法承受，自覺這一生沒有做過傷天害理的事情，為何會罹患此絕症，因而心情非常惡劣，脾氣也變得非常暴躁，稍有不如意就罵人，住院期間，醫生被罵、護士被罵，家人也被罵，讓高榮安寧病房的醫護人員非常頭痛。

一天早上，醫生例行到病房查房，他竟然告訴醫生，窗外有一尊大佛，醫生說：「你是個基督徒怎麼會看到佛像？」他說可能是小時候到過佛光山。此時一位護士走了進來，聽到他們的對話，開口說，今天佛光山在醫療大樓藝文展示廳舉辦「三時繫念」超度法會，會不會和這個有關？青年聽到這個訊息，面露喜色，堅持要下樓參與法會；但因為他是重症患者，沒有打新冠肺炎疫苗，醫生不允許他下去，最後拗不過他的再三堅持，乃詢問他父母親的意見，經過父母同意，才讓他下去參加。

法會中，佛光山法師帶領大眾如法如儀地虔誠誦念，青年全程坐在輪椅上參加，中途沒有不舒服，也沒有離開，等到法會結束，醫護人員才推他回到安寧病房。回去以後，青年對醫護人員說：「很感謝你們讓我參加法會，我已經沒有遺憾了，從經文裡面，我終於明白為何我會罹患胰臟癌，相信我過去一定做了很多壞事，今生才會有這個果報，現在我要承受這個惡果，才能償還我過去所造的各種惡業，如今我放下了，也心安了。」當天晚上青年好好地梳洗一番，同時請護士用毛巾綁住他的雙手，不久他合十往生了。

這位青年短短四個小時，就能體悟如此深刻，從憤世嫉俗、充滿仇怨，到心開意解，放下解脫，這就是「朝聞道，夕死可矣」、「為求半句偈，捨身求法」的證明。

11 心開意解化仇怨

從〈朝聞道夕死可矣〉一文，我們了解婆羅門「為求半句偈」，捨棄生命在所不惜；罹癌的青年，因為參與「三時繫念」，了解經文意涵，合掌安然往生。同樣的我在高雄榮總的一場法會，因為一個點頭、一句寒暄、一個結緣品，讓一位心靈受到創傷的病患，放下仇怨，安心離世。

我們有一位信徒對高榮很熟，常發心協助他人到高榮就醫，因此看到了人間的悲歡離合、生離死別。有一次她在高榮看到一位泰勞因為工作不慎摔死，泰勞的妻子，帶著兩歲兒子奔赴醫院，途中車禍往生。這個人生悲劇，讓這位信徒非常心痛，覺得自己應該要為這些孤苦無依的眾生做一點事情，乃向高榮的院長請求在醫院舉辦佛事法會，一者超度在醫院無助的孤魂等眾，再者也讓病患心靈有個依靠，另外也超度醫療實驗往生的動物；尤其外籍人員往生，沒有家屬在旁助念，相信他們一定徬徨無助，不知道何去何從。院長聽了她的請求，被其慈悲心感動，乃欣然同意於二〇一八年開始舉辦不同宗教的超薦儀式。

二〇一九年，佛光山再次前往高榮醫療大樓藝文展示廳舉辦農曆七月佛事。當〈戒定真香〉讚子一起，我和劉院長分別上香，祝願眾等亡靈都能夠得度，所有的醫護人員及病患平安吉祥。等靈前上完香，我們先行離開，路上我們看到一位病患，溽暑時節，卻戴著毛帽，身著冬衣，蓋上厚毯，虛弱地坐在輪椅上，促成此佛事的信徒這時正好走了過來，特別請我和劉院長去關懷這位病患。見了這位病患，我拿出結緣品送給她，同時請她要堅強，相信諸佛菩薩一定會護佑的，站在旁邊患者的家屬也很感謝我們的祝福，事後我們才知道她是安寧病房的患者。

大約一個月後，劉院長收到這位患者家屬的感謝函，同時述說當天他們內心的感動及感謝。

原來這位病患和丈夫是大學同學，還沒有結婚之前，她為了供男友完成學業，在繁忙課業之餘，外出打工，畢業後他們結婚且一起打拚。當事業漸漸有成，她可能因為操勞過度，百病叢生。按常理來說，先生應該要感恩疼惜太太的付出，他們才有今天的好日子，哪知他卻嫌棄太太是個累贅，讓他家庭事業兩頭忙。漸漸地丈夫不安於室，有了外遇，經過幾年，竟然攤牌要和太太離婚，並表示不想和藥罐子生活在一起，就這樣狠心地將兩個孩子帶走。這個晴天霹靂的噩耗，讓她的病情愈來愈惡劣，感覺這個世界捨棄她，最後病入膏肓，住進了高榮的安寧病房，她知道自己不久於世，發誓將來要化成厲鬼報仇。

住院期間，佛光山正好在高榮舉辦法會，她在家屬的陪伴之下來到現場，希望求得心靈的安定，想不到劉院長和我會去關心她，且贈送祈福的小禮物，家屬說，這個看似平凡的舉動，對她來說意義重大，因為她一直認為大家都背棄她、不愛她，如今有人關懷、祝福，讓破碎的心靈得以修補，讓陰暗的角落有了光明，她的心情舒緩了，心靈安定了。法會後的第二天，她安然離世，據家屬表示這位病患後來永眠於佛光山。

星雲大師說：「人我相處，只要願意為人服務，哪怕是一個點頭、一臉微笑、一句讚美、一臂助人，都是結緣。」大師的法語看似平淡無奇，但當你實踐了以後，竟然帶來無量的功德，這位病患「心開意解，化解仇怨」，安然離世，就是最好的證明。

12 若能轉念　何須我大慈大悲

二〇二二年佛光山萬緣水陸法會，大悲殿依往例仍是藥師壇的壇口。法會期間，負責單位邀請我前往開示，我以佛寺的一副對聯和大家結緣：「若能轉念，何須我大慈大悲；如不回頭，誰替你救苦救難。」橫批是「有求必應」。

「若能轉念，何須我大慈大悲」，說得真有道理，我在〈朝聞道夕死可矣〉一文提到一位罹患胰臟癌的青年，因為參加「三時繫念」，悟到因緣果報的真理，從憤世嫉俗、充滿仇怨，到心開意解、獲得解脫。另外在〈心開意解化仇怨〉一文，也提到被丈夫惡意拋棄的女士，從意志消沉、自暴自棄，甚至發願死後要變成厲鬼找丈夫報仇，卻因為我的一個點頭、一句問候，重燃希望，安然往生。這些都在說明「若能轉念，何須我大慈大悲」，也就是說自己的執念若能轉變，又何必靠觀世音菩薩來解救我們、超度我們，當下自己就是觀世音菩薩。

「如不回頭，誰替你救苦救難」又如何說明呢？記得我在美國服務期間，因為佛光會會務需要，前往南美洲弘法。到了智利北部伊基克，信徒跟我講述一位當地華人的故事，真的應驗了「如不回頭，誰替你救苦救難」的警言。

這位華人來自台灣，和先生到此奮鬥，事業稍有所成。先生是一位標準的公務員性格，生活很規律，也不抽菸不喝酒，下班後就回家看電視、整理花草，或做一點自己想做的事情。按常理說，這樣的人應該是一位標準的好丈夫，但她對丈夫不懂社交，感覺索然無味，甚至有些厭煩，於是逼著他外出和人往來。從此她的丈夫偶爾會出去和朋友打麻將，但一樣是愛去不去的。一日太太又要他外出和人互動，哪知丈夫出去後超過時間還沒有回家，太太也不以為意，還覺得丈夫已經懂得和人相處了。約莫到了午夜，她接到一通電話，說她的丈夫腦溢血昏倒了，叫她趕快到某人的家裡。沒想到她的丈夫在送醫途中往生了，此事讓她痛不欲生，認為丈夫是她害死的，如果不是她逼迫他外出打麻將，至少現在還活著，因此她封閉自己不和大家往來。

這期間，許多親朋好友勸她應該走出來，但她還是沉溺在哀傷自責中。一日一位好友很嚴厲地告訴她：「你不走出來，這樣頹喪下去，妳的先生在天之靈會開心嗎？」這個棒喝，好似一記響雷，讓她清醒了，但此地的一景一物，讓她觸景傷情，乃搬回台灣居住。回台以後的確有療癒的效果，加上孩子也回台灣工作，讓她慢慢忘記悲傷。但有一天，不幸的事情發生了。

有一位好心的朋友帶她去算命，想不到素昧平生的算命先生，竟然說：「妳命帶剋夫，如果先生死了，接下來會不利於妳的兒子，避禍的方法，就是分開居住。」這一段話深深地刺傷她的心，她認為：「我已經剋死我的丈夫，如今又要害死我的兒子，這還得了。」於是她收拾行囊又回到傷心地，從此不論人們如何地勸說，她已經走不出來了，真的是「如不回頭，誰替你救苦救難」啊！

《星雲大師演講集》〈佛教對命運的看法〉有這麼一段話：「改性換心是改變命運的藥方，回頭轉身更是創造命運的良劑。人間有許多的紛爭、痛苦起因於不知回頭，平時我們只知道向前擠進，甚至把自己趕入煩惱的牛角尖而渾然不覺，凡事要留個轉身的餘地，回頭退一步想一想，以退為進，將會發現世界是多麼的寬廣遼闊。」大師這一段話，和「若能轉念，何須我大慈大悲；如不回頭，誰替你救苦救難。」真有異曲同工之妙啊！

13 引魂王菩薩摩訶薩

每次佛光山舉辦水陸法會都會施放一堂燄口法會，信徒總是特別喜歡，紛紛從各地組團回來參加，因而偌大的成佛大道被擠得水洩不通，有時人潮還排到東禪、西淨的長廊，真是壯觀。我注意到，青年朋友也許不喜歡參加一般的法會，覺得冗長無聊，但卻不排斥燄口法會，因為他們認為參加燄口法會就像是參加一場佛教的搖滾音樂會，可見燄口梵唄音聲的攝受力。

燄口法會之所以受到歡迎，除了壇場莊嚴、法師唱誦感人肺腑，還有信徒懷著超度先人的一片孝心及濟拔六道群靈的一片悲心，尤其唱到〈召請文〉，更是感人。

〈召請文〉之所以感人，正如星雲大師在〈燄口召請文〉一文中說：「蘇軾所撰召請文，詞句精簡優美，意境深遠，短短篇章，道盡了人間的遺憾，也詳述了五濁世間沉淪之苦。唯有藉著佛力加持，一一為其超度，方能使彼等脫離苦海，安穩常樂。」

從〈召請文〉可知，燄口法會的慈悲平等法施，同時也告訴眾等亡靈，人生的苦空無常，不論你擁有多少的名利權勢、萬貫家產、青春美貌、悲慘身世等順逆好壞經歷，如今都已灰飛煙滅，唯有放下才能解脫。

為了讓召請來的六道群靈獲得功德利益，燄口法會有一套完整的超度儀軌，首先迎請諸佛菩薩蒞臨壇場，然後在「曼荼羅」建立須彌山世界，接著召請十方法界一切眾生來到壇場；此時金剛上師和大眾共同觀想「我是觀音，觀音是我」，發願讓所有的眾生都能得度往生佛國。接著金剛上師持誦〈破地獄印咒〉，打通三惡道和這個世界的通道，再奉請地藏菩薩、引魂王菩薩，請他們帶領六道群靈來參加法會，然後搖鈴召喚請來的王公將相、販夫走卒、壽夭窮通、九幽十類孤魂等眾來接受甘露法食。接下來還有許多儀軌，就不再繼續贅述。總之，就是要

引路菩薩圖。

「以法相會——寶寧寺、毗盧寺　明、清代水陸畫展」水陸畫，左上角為引魂王菩薩摩訶薩。

以各種咒印來超度六道群靈，施予甘露法食，並為其說法、皈依、授戒，令其具足正見，懺悔改過，方能不再造罪受苦，脫離苦趣，同登極樂。

在儀規中所提到的引魂王菩薩，一般我們比較少聽到，據《維基百科》所述：「引魂王觀音，又稱引路王觀音、引魂王觀音、引魂王菩薩、引路王菩薩，是觀世音菩薩的一種化身。」而《佛光大辭典》對「引路菩薩」有如下解釋：「引導臨終者去路之菩薩。其名號未見諸經典，係唐末宋初，與淨土教之流行共同興起之民間信仰。英國學者史坦因（Stein）曾由敦煌千佛洞持還此菩薩之圖像，為唐末之製作。」

從以上敘述，我們可以了解，引魂王菩薩是觀音菩薩的化身，接引亡靈往生淨土。至於引魂王菩薩法相如何呢？記得二〇一五年佛陀紀念館舉辦「以法相會——寶寧寺、毗盧寺　明、清代水陸畫展」，展出一幅水陸畫，畫左上角有一菩薩立於祥雲上，菩薩右手持淡黃色幡，左手持柄香爐，回眸慈視身後一切往古人倫、孤魂餓鬼、四生一切有情眾生。菩薩示現接引、引路之貌，引領沉淪的有情眾生，至淨土彼岸。另外，也有畫手持「引魂幡」，幡上書「接引西方」，引導眾等亡靈前往西方極樂世界的圖像，據悉這是民間「招魂幡」的前身，其目的都是具有接引亡魂往生的信仰意義。

14 金山活佛與燄口

在〈引魂王菩薩摩訶薩〉一文，我提到地藏菩薩、引魂王菩薩引導六道群靈歸向極樂蓮邦。而在煮雲法師所著的《金山活佛》，我也看到金山活佛在燄口法會，以慈悲之心度化鬼道眾生的感人故事，可以說是現代的引魂王菩薩了。

金山活佛俗姓董，法號覺棟，字妙善，陝西終南人，生於光緒年間，一九三五年於緬甸仰光圓寂，乃民國時期著名僧侶。其行徑迥異於常人，如：冬夏天只穿一件破僧袍，晚上都在經行禪坐，不躺下休息；唱誦「誰念南無阿彌陀佛」精進修行。常為人治病，顯露許多神異事蹟，因在鎮江金山寺掛單，人稱「金山活佛」。

活佛不但應化人間，度化眾生，也本著「人飢己飢，人溺己溺」的精神，歡喜和鬼道眾生結緣，因此會勸皈依他的有錢信徒多多行善布施、廣結善緣，也勸他們到寺院修一堂「瑜珈燄口」和「水陸法會」，超度在鬼趣受苦的眾生。活佛不但勸人參加燄口法會，自己也親自在台下禮拜，直到法會結束。為何金山活佛要這樣子做呢？

據《金山活佛》一書記載，曾經有一位弟子問金山活佛：「為什麼師父要拜台上放燄口的和尚？」他說：「我是領導祂們拜幽冥教主地藏菩薩！祂們太可憐了，苦得這樣，還不知道拜佛懺悔滅罪；今有此超度脫苦的機會，所以我領導祂們拜佛懺罪，我不拜，祂們也不拜了。因此我拜多久，祂們也隨著我拜多久。」

他的弟子只見他一個人在那裡拜，而活佛卻說領導「祂們」拜，因此又問：「師父你說領導『祂們』拜，我們為什麼看不到呢？」活佛笑道：「我所說的『祂們』不是指人，而是你們看不到的鬼道裡的眾生。」弟子又問：「一共有多少呢？」活佛說：「很多，很多！連你的祖先也來了，一同參加受度，剛才向我辭行而去了。」那位弟子又問：「活佛今天所看到的都是些什麼樣子？」活佛說：「你們不能看，看到會駭怕的，祂們形狀各異，大的鬼、小的鬼、男的鬼、女的鬼、老的鬼、少的鬼、披頭散髮鬼、青臉獠牙鬼、斷腿的、瞎眼的、跛腳的、長舌的、斷頭的……何止千百呢！」活佛這一段度鬼的話，把在場的人嚇得毛骨悚然。

《瑜珈燄口施食要集》云：「香花迎、香花請。南無一心奉請。手擎幡蓋。身掛花幔。導眾生歸極樂之邦。引孤魂赴道場之會。今當奉請幽冥路上引魂王菩薩摩訶薩。惟願不違本誓。憐愍有情。此夜今時。光臨法會。」上述金山活佛的慈悲善行，引領鬼道眾生，不就符合以上經文所說的內容嗎？

佛光山萬緣水陸法會，慧傳法師主法。

15 超度亡靈的重要性

整整三年，因為新冠肺炎疫情肆虐，許多實體活動不敢舉行，如今疫情漸漸緩和，政府的防疫措施也寬鬆許多，因而今年佛光山恢復北區水陸法會。看到這麼多護法信徒，不離不棄地支持，真的非常感動，也非常感謝，乃在燄口法會開始之前，以「超度亡靈的重要性」和與會大眾結緣。

據二〇二三年五月二十日《中國時報》一則新聞報導，有一位護理人員正在加護病房記錄病人身體的各項指數時，突然看到一位阿嬤要起身，她本能反應想去攙扶，正要動作的剎那間，腦門突然閃過，阿嬤不是前幾天往生了？她趕快將對視的眼神移開，若無其事地離開病房，她告訴自己這是自己精神不濟的關係。

此篇報導雖說出值夜班的特殊情況，但沒有提到如何面對靈異事件。我倒是聽過幾則類似狀況，他人的處理方式，讓眾等亡靈得以安定，不再徘徊人間，往生善趣。

曾經有位太太，因為先生外遇，吃藥自殺，送醫急救無效，十天以後往生。這位太太在住院期間，都是呈昏迷狀態，但每到半夜一點到三點左右，會無意識地去按「緊急呼叫鈴」，等護士去看的時候，她仍呈昏迷狀態，躺在病床上。後來這位太太往生了，但緊急呼叫鈴仍然每天半夜一點到三點響起，不論此張病床有沒有人使用。直到有一天醫院舉行清明法會，一位有佛教信仰的護士幫此女立牌位超薦，此後再也沒有聽到鈴聲了。

從以上故事可知，超度亡靈是很有功德的，難怪一場佛事法會結束，要唱「法會功德殊勝行，無邊勝福皆回向。普願沉溺諸眾生，速往無量光佛剎。十方三世一切佛，一切菩薩摩訶薩。摩訶般若波羅蜜。」

另外，有一位台灣旅客，一日到大陸北疆旅遊，有一天晚上，他突然聽到有人在喊「我好痛苦」，找了老半天看不到半個人影，就不去理會，繼續上床睡覺。哪知過了不久，又聽到同樣的聲音，此時他心中已經有了答案，乃故作鎮定的對著發出聲音的方向說：「你是何人？有什麼事情要找我？」此時空中傳來：「我很痛苦，請幫助我脫離苦海」的聲音。

這位旅者一聽，猜出這位「阿飄」要什麼了，他說：「我可以幫你，但請告訴我，你的名字，想到哪裡超度。」祂說：「我是某某人，要到佛光山萬壽園超度。」由於這位旅者沒有到過佛光山，回台以後問朋友佛光山萬壽園在哪裡，得知答案以後，隨即幫祂寫了超薦牌位，才了卻這一場奇妙的因緣。

〈燄口召請文〉有這麼一段詞句精簡優美，意境深遠的短文，詳述了客死他鄉旅者，魂魄不知歸向何方的悲慘際遇：「一心召請，江湖羈旅，南北經商，圖財萬里遊行，積貨千金貿易。風波不測，身喪魚腹之中；途路難防，命喪羊腸之險。嗚呼！滯魄北隨雲黯黯，客魂東逐水悠悠。如是他鄉客旅之流，一類孤魂等眾。」

此段召請文說明商人為了獲利，出外經商，路途碰上兇險，客死他鄉，魂魄不知歸向何處，孤苦悲戚的慘狀，這不就是北疆「阿飄」的寫照，希望有緣旅人為其超度化解苦痛嗎？

中國遠征軍在孫立人將軍帶領下，前往緬甸作戰，不幸客死他鄉，其英靈漂泊異域，不知何去何從，後來在外交部沈呂巡次長的祭祀祝禱之下，祂們乘風乘雨前來接受祭祀，相信此時祂們的心靈才得以安歇。

〈燄口召請文〉又云：「一心召請。戎衣戰士，臨陣健兒，紅旗影裡爭雄，白刃叢中敵命。鼓金初振，霎時腹破腸穿；勝敗纔分，遍地肢傷首碎。嗚呼！漠漠黃沙聞鬼哭，茫茫白骨少人收。如是陣亡兵卒之流，一類孤魂等眾。」此段點出了戰爭的殘酷，也說明了將士戰死沙場，曝屍荒野，歷經風霜歲月，已成一堆白骨，仍是無人聞問的悲涼。

星雲大師在〈燄口召請文〉提到：「召請文中召請的對象有前王後伯、英雄將帥、文臣宰輔、文人舉子、緇衣釋子、玄門道士、他鄉客旅、陣亡兵卒、血湖產難、冥頑悖逆、裙釵婦女、傷亡橫死之流等，在此施食法會中統統都召請前來接受甘露法食，顯示出佛教無緣大慈，同體大悲，普濟六道的平等精神。」這些接受召請的眾生，若不憑佛力加持，如何有超生之期啊！

二〇二三年，佛光山北區水陸法會慧傳法師開示。

16

以法為會的窺探

一般人會將法會定位在消災延壽、超薦亡靈、共修聚會的宗教儀式，但其實法會最初是指佛陀聚眾講經說法的集會。星雲大師說：「法會，是以真理集會大眾，大家聚在一起，彼此交流，聽聞、體會佛陀所說的法義。它不僅僅限於宗教儀式，它也可以是一場講演、讀書會、討論會、聯誼會、禪坐會等等，不論任何形式，讓參加者對真善美的道理有所吸收，有所獲益，就是一場法會。」所以我們不管參加任何法會，大家一起唱誦、一起禮拜、一起聆聽佛法，都是法會。

接下來我提出四個重點，來說明以法為會。

一、聽聞佛法，燃起鬥志

星雲大師當初創辦佛光大學時，因資金不足，舉辦了幾場「佛光緣書畫義賣會」。會場上最受矚目的義賣品就是星雲大師的墨寶，有一次服務人員推出大師的墨寶「慈悲般若」時，台下響起熱烈掌聲，當主持人介紹完畢，有一位先生迫不及待地舉手，並喊出六百萬的高價，這麼高的價錢自然沒有人跟他競爭，因而這一幅墨寶就歸這位先生所有。

為什麼這位先生會出這麼高的價錢？原來他曾經是縣議員，後來窮困潦倒不知道該怎麼辦，有一天無意間打開電視，正巧星雲大師在說法。大師說的法充滿了勵志向上，深深地觸動了他的心靈，讓已經失去鬥志的他，再次激起信心，勇往向前，過了不久他又東山再起，所以他非常感念大師。為了報答大師的恩德，當他獲悉大師為了辦佛光大學，舉辦書畫義賣，毫不猶豫地以六百萬請了這一幅墨寶。

從這一則故事，我們得到一個證明，聽聞佛法以後，懂得在日常生活中去貫徹實踐，相信對我們的人生一定是有所幫助的。這不就是「以法為會」的功德利益嗎？

二、遭受打擊，自我轉變

有一位師姐，她的孩子得了一種怪病，常會亂吼亂叫，甚至有自殘的行為。師姐有時候帶小孩就醫，在公車上，小朋友常常又哭、又鬧、又叫，還會捶打自己，此種怪異的行為，讓同車的人露出嫌惡的表情，此時她會嚴厲喝斥小朋友不要哭鬧，但越是責備，孩子越是脫序，搞得她尷尬不已痛苦難當。

有一天，這位師姐到寺院參加法會，祈求佛菩薩幫忙。法會結束，主法和尚跟大家說，我們每個人難免會碰到許多不如意的事，記得不要灰心喪志或是怨天尤人，要自我轉變，將消極的情緒變成正向的觀念。和尚接著講述大師常提到的哭婆與笑婆的故事。

這位師姐聽了以後感觸很深，乃思惟如何改變自己的思想行為。所以當孩子又在哭鬧的時候，她不再喝斥制止，而從另外一個角度跟孩子說：「寶貝，你今天表現很好喔！你看你已經可以忍耐這麼久了，你真的太棒了，我太愛你了，繼續忍耐下去，我們就可以到達醫院囉！寶貝，加油喔！」經過這樣的鼓勵，小朋友好像聽懂了，哭鬧的情況竟然慢慢地減少。

同車的人，本來是嫌棄這位師姐，他們的心裡或許還在想：「孩子這個樣子還敢帶出來，為什麼不去搭計程車，以免打擾大家的心情。」但是自從師姐改變作法，以慈悲的語言、寬容的態度，善待自己的孩子，反而帶來周遭乘客的讚賞及鼓勵。雖然小朋友的怪異行為一時半刻無法徹底解決，但是這位師姐心境的改變，周遭的氛圍也跟著改變了，她的轉變不就是聽經聞法後的功德妙用？

三、擔任義工，改變習氣

佛光山舉行水陸法會時，都會有一群來自新加坡、馬來西亞的青少年來擔任義工，因為十一月底、十二月初是當地學校的年終假期，所以家長和當地法師會鼓勵他們回到總本山當義工，也算是另類的公益旅行。

這些青少年義工服務告一個段落，通常我會代表常住送結緣品感謝，也聽聽他們當義工這段期間的看法及心得。幾年下來我發現有一個共同的特點，就是這許多青少年都是爸爸媽媽半逼迫來當義工的，甚至跟孩子有條件交換。

這一類的孩子，剛來的時候是有點心不甘情不願，加上佛門規矩比較多，要早起、要過堂、內務要整理、要同進同出等，青少年對這些規矩是不適應的。但是，經過一段時間，當他們看到同行的孩子做得到，他們也會打起精神，勉強配合。當他們願意接受的時候，心自然平靜下來，法師的諄諄教誨，及糾察師父的耳提面命，他們聽懂了，也從中有所體會。

尤其雲居樓齋堂懸掛〈五觀銘〉：「計功多少，量彼來處；忖己德行，全缺應供；防心離過，不生瞋愛；正事良藥，為療形枯；為成道業，應受此食。」當他們看到之後，想到以前自己浪費食物，太不懂事，此時「惜福結緣利人天」的含義，已經在他們心中深植了。

來自新加坡、馬來西亞的青少年來佛光山擔任義工，至大寮洗碗，慧傳法師至洗碗間關心。

水陸法會期間常住最欠缺人力的是行堂，有了這批生力軍加入，就可以讓原本幫忙行堂的義工前往各壇口參加法會，這讓這些青少年體會到：「能夠為別人服務是一件非常快樂的事情。」

除了行堂，有些青少年義工也被分配去洗碗。當他們洗碗時，發現才剛洗完一批，又來一批，好像永遠洗不完。這時有些義工心情開始焦躁、沮喪，但有些義工卻一面唱歌一面洗碗，大夥兒聽到歌聲，也跟著一起唱，相互鼓勵，不知不覺把碗洗好了，這讓他們學會「隨喜而作」的祕訣。因為有這樣的體會，青少年義工慚愧地說：「媽媽每天操辦家務，要洗衣服、煮飯、洗碗，還要打掃環境，一定比我更辛苦，回國以後我要幫爸爸、媽媽做家事。」這是多麼貼心的覺悟啊！

這些青少年來佛光山當義工，培養出勞動服務的習慣，且體會出父母的艱辛，相信他們未來人生一定會有不一樣的發展，這不就是另類的以法為會嗎？不同的是他們是從「做中學，學中做」體會出來的。

四、參加法會，生亡兩利

一對住在國外的信徒，因為疫情的關係，無法回台參加水陸法會，他們自忖既然不能回去，就沒有像往年一樣為祖先登記超薦功德。後來竟然夢到父親跟她說：「每年這個時候我都會置辦素席請客；現在無法請客了，害我不知道如何交代。」她一開始以為是日有所思夜有所夢，便不去理會，但父親卻天天來，就這樣困擾了她兩個禮拜，她乃將此情況告訴丈夫，想不到她丈夫竟然說：「我的阿公也來託夢說：『欠人家巷子口的錢沒有還』。」嚇得這一對夫妻趕緊去登記功德，並參加直播法會，此種夢境就沒有再出現。

還有一位師姐，也因為疫情的關係，在功德登記方面，就比較不用心，結果夢到往生的丈夫，怒氣沖沖地喝斥她沒有良心，師姐趕緊將今年沒有登記的名單補上，此夢境才沒有出現。

另有一個案例是，佛光山這幾年應醫院之邀，會在農曆七月前往醫院做一場「三時繫念」佛事，二〇二一年因為疫情的關係無法舉行，醫院的負責人員擔心醫院的眾等亡靈，無法領受功德，乃特別到醫院設置的小佛堂，向佛菩薩報告無法舉辦的原因；同時說明會在佛光山萬壽園立超薦牌位，請佛菩薩引導醫院的眾等亡靈前往佛光山參加農曆七月佛事。

本以為稟告過後，事情就算圓滿，想不到約莫在農曆七月十五日之前，院內一位醫護人員的家屬，雖非佛教徒，卻做了一個夢，夢到醫院黑壓壓的一群人，其中有一個人走到外面，飛了起來，接下來一群人也跟著走到外面飛了起來，最後自己也跟著飛。飛啊飛，飛到了國道十號，又繼續飛了一陣子，竟然看到右手邊有往佛光山的路牌，此時心中起了一個念頭，為何這一群人要飛往佛光山？當她心中升起這個疑惑的時候就醒過來，接下來連續三天都做同樣的夢。直到有一天，當她知道醫院的負責人在佛光山書寫超薦牌位，此夢境才沒有再出現。這不就是佛菩薩已經聽到醫院負責人的祈求祝禱，引導眾等亡靈到佛光山參加農曆七月法會嗎？

從這些不可思議事蹟可以說明，「人心生一念，天地悉皆知；善惡若無報，乾坤必有私。」所以佛學院的同學在學法器的時候，會豎一個牌子：「弟子練習法器，龍天護法莫參。」法器是龍天耳目，一旦敲動，龍天護法就以為有法會，紛紛前來參與護持；如果練習的時候錯誤百出，恐會惹惱龍天護法，所以事先稟報，請祂們見諒。

所以我們參加法會，只要虔誠專一、恭敬參與、隨文入觀，就能和經文契合，也才能受到佛菩薩的眷顧加持。

星雲大師在《星雲日記》曾經寫過這麼一段話：「一堂如法如儀的功德佛事，不但能超度亡者，也能接引眷屬學佛，這是『生亡兩利』，也是『了生脫死』，所以我常告訴徒眾，要發心做佛事。」

以上四點跟大家分享，希望各位讀者能夠更明白「以法為會」的意義。

禪

貳

秋月禪心

1 持之以恆的利益

一九五四年，星雲大師在宜蘭念佛會主持佛七，那一次佛七，大師有「物我兩忘、時空俱泯」的境界，正如他在〈我的宗教體驗〉一文中說：「七天就在綿綿密密的彌陀聖號之中，一眨眼地過去了，忘記了自己的存在，忘記了『時間』為何物？感覺七天只不過一彈指罷了！這次的佛七所給予我的信心、宗教的體驗，比過去膜拜觀世音菩薩更深刻，讓我體會了物我兩忘、時空俱泯的境界！」

其實那一次佛七，大師這種「物我兩忘、時空俱泯」的境界，還維持一段時間，那時，大師耳邊佛號聲不斷，有時人在室內，但是室外有人說話、走路，他

星雲大師於宜蘭念佛會主持佛七。

都聽得清清楚楚。還有一次，大師在台南大仙寺主持佛七，居然有人聽到大師睡覺時還在念佛，且聲音了了分明。更特殊的一次是大師在普門寺打佛七，兩隻鳥兒竟然飛進大殿，與大師共念佛號，相互應和。經云「極樂淨土，水鳥說法」，誠信然也。

我也曾聽說，有位信徒每天早上一定在佛前誦經，時日一久，佛堂竟然飛來一隻八哥鳥。飛來的鳥兒沒有亂飛亂竄，也沒有去吃佛桌上的供果，而是靜靜地站在拜墊上，抬頭好似在瞻仰佛陀聖像，又好似在聆聽信徒誦經。等信徒誦經圓滿，三拜完畢牠才飛走，這樣的行為，有兩三次之多，真是不可思議。我想這也是持之以恆誦經拜佛所帶來的感應。

如果我們將這種持之以恆的精神運用在讀書求學，一樣會有成效。記得二〇二二年，佛光山普門中學有三位同學參加教育部舉辦的「全國高級中等學校商業類學生技藝競賽」，其中楊宗澤同學在「中餐烹飪」方面獲得優勝，消息傳來全校師生同感歡喜，因為這是創校以來最好的成績。為何楊同學會有所突破呢？據普中餐飲科顏文生老師所述，楊同學為了準備比賽，除了白天上課，晚上盥洗完畢，還會留在普中「精進室」繼續練習烹飪技能，且常常到凌晨還沒有休息。

不只如此，楊同學為了讓自己的手感和品質維持一定的水準，還特地早晨五點起床，拖著疲憊的身軀、渾沌的腦袋，在老師的陪伴下，到餐飲教室的廚房做特訓，如此地用功努力將近四個月左右。為何年紀輕輕的楊同學會有這股幹勁？因為他找到了方向和目標，更重要的是有顏老師手把手的教導，在廚房緊迫盯人，讓他知道一道完美菜肴的呈現，每個環節都不能疏忽，這就是所謂的「魔鬼藏在細節中」。顏老師除了術科的教導外，學科方面也同時要督促，楊同學念書到凌晨，老師也無怨無悔地陪伴；除了為他解惑，也給他帶來上進的力量。此段師生互勵互勉的故事讓人感動，學生持之以恆地精進學習，身為老師也是持之以恆地陪伴教導，學校教育如此，家庭教育何嘗不是？

2

參加「一月普現——水陸畫特展」開幕有感

我們都知道水陸法會最早修建於江蘇鎮江金山寺，二〇一四年，金山寺的水陸法會被大陸文化部列為國家級的「非物質文化遺產」，可知水陸法會受到政府的重視及肯定，為什麼金山寺的水陸會被列為非遺？

水陸法會的起源和梁武帝有關，一日皇帝夢到異僧告訴他：「六道四生，受苦無量，唯啟建水陸無遮大法會拔濟之，始能脫苦。」隔日上朝，梁武帝問群臣所夢之事為何？群臣與沙門都不知其義，唯寶誌禪師勸帝廣尋經教，必明因由。梁武帝披覽經藏，閱至「阿難尊者遇面燃鬼王」，始知建立平等施食，可以利益聖凡冥陽有情眾生，於是與寶誌禪師一起以《無量威德自在光明如來陀羅尼》施食法為核心，花了將近三年的時間制成水陸儀文。

當儀文制定完成，梁武帝於宮內修建壇場，熄滅所有燈燭，手捧儀文，虔誠於佛前發願：「若此水陸儀文能資助六道，廣度有情，符合佛法，願我禮拜後，燈燭不點自明；否則，燈燭晦暗如初。」果然三拜過後，殿堂燈燭自明，大殿微微震動，空中撒下寶花，滿室生香。帝因此信心大增，乃於鎮江金山寺啟建第一次水陸法會，自己擔任會主，請僧祐律師主持，殊勝非凡。所以鎮江金山寺申請非遺成功，自不在話下。

以上乃水陸法會的因緣背景，但為何水陸法會流傳一千五百多年？主要是從壇場的布置、唱誦的莊嚴，到法會分成內壇、外壇的佛事，並集合上百位僧人連續七天的誦經念佛，加上法會期間有許多不可思議的功德出現，因而受到廣大佛教徒的喜愛，紛紛前來參與。

二〇二三年，佛光山萬緣水陸法會舉辦之前，佛光緣美術館為了讓護法信

「一月普現——水陸畫特展」布展。

徒，更認識了解水陸法會的佛事內容，特別在佛光山的美術館總館舉辦「一月普現——水陸畫特展」，將內外壇的七天法會，以石窟的方式呈現，更增添莊嚴的氛圍。相信觀賞過後，對內壇法會為何會從「結界→發符懸幡→請上堂→供上堂→告赦→請下堂→幽冥戒→供下堂→圓滿供→圓滿香→送判宣疏→送聖」一路安排下來，更加了解。

美術館館長如常法師表示，此次布展真的是「集體創作」，因為

「一月普現──水陸畫特展」，內壇水陸畫。

展場內的模型，都是總館和高雄館三百多名法師與義工夜以繼日地投入才得以完成，甚至佛光精舍長者和國際義工也參與製作紙漿，義工的年齡從十歲到八十多歲都有，當然也請了藝術家前來指導。

星雲大師在《星雲說偈．一切水月》一文，曾針對「一月普現一切水，一切水月一月攝」做了精闢地闡述，大師說：「天上的月亮普現在一切水中，而一切水裡的月亮，都源自天邊一月的倒映……就像一塊黃金，可以做成耳環、戒指、手鐲等等，這些飾物形狀雖各不相同，但是黃金的本質是不變的。因此，一個人即使輪迴五趣六道，他的自心佛性也是不會改變的。」

依我淺見，如果將「一月」比喻做「水陸法會」，所有來參加此次水陸法會的信眾、發心護壇的義工、布展的義工，或者是參觀水陸畫特展的各界人士，不就是「一月普現一切水」嗎？而每個人在參與過程中，無論是聽到的、看到的、談論到的或是參與布展的，一定都是「如人飲水，冷暖自知」，此時不就是「一切水月一月攝」嗎？人人都能獲得心靈無上的法喜，讓自己慧命增長。

3 參加水陸貴在心誠

二〇二三年參加佛光山萬緣水陸法會的人數比往年多，為了保持品質，特別請參加水陸頭的信徒前往如來殿四樓觀看直播。我擔心信徒會因為不能進入內壇感到失望，所以請知客法師好好招呼，有什麼需要服務要儘快協助。想不到信徒都能夠諒解，且表示能在如來殿四樓禮拜福報很大，因為銀幕很大像看電影，且近距離可以看到主法和尚，更覺親切。雖然如此，還是有少部分信徒因不能進入內壇而覺得遺憾，這讓我想起十多年前，佛光山舉辦水陸法會的一個小故事。

早年佛光山萬緣水陸法會，只要內壇位置可以容納，會儘量讓信徒進入。有一年水陸法會，我到各壇口關心，途經藍毗尼園，看到一位老婆婆在哭，趕忙上前安慰並了解原因，是睡不好？吃不飽？太疲累？她說都不是，是因為內壇人數已滿，無法進入。她擔心到外壇誦經，內壇佛祖不知道她有來，她有好多的心願要向佛菩薩訴說，如此就無法接受佛祖的加持和祝福；又說她好不容易存了一些錢可以前來參加，以後是否還有機會就不知道了。

我聽到她的委屈告白為之鼻酸，乃安慰老婆婆，星雲大師曾告訴我們：「我是佛，佛就在我們的心中。」內壇有佛，外壇也有佛，整個佛光山都有佛；重點是要去和佛祖「感應道交」，所以妳要歡喜去外壇禮佛，用虔誠的心和佛祖「心心相印」。

接著我告訴老婆婆一個故事，那是二〇〇二年，西來寺舉辦水陸法會，當

佛光山萬緣水陸法會圓滿，星雲大師於大雄寶殿前向信眾開示。

時有一位住在舊金山的佛光青年，很想進入內壇參加燄口法會，所以她週五下班後，於晚上十點左右，獨自一人沿著5號州際公路開車前往西來寺，到達時已經是早上六點，她就在停車場小寐，沒想到醒來已經是中午十二點。她顧不得吃午餐，隨即帶著海青直奔大雄寶殿，到時發現已經有好多人在排班了，由於名額有限，許多人都無法進入內壇，包含她在內，所以只好坐在外圍，聆聽唱誦的聲音。

當〈戒定真香〉讚子一起，她流下懊悔的眼淚，心想：「為何我這麼貪睡，以至於無法進入內壇禮拜。」正當她這麼想的時候，腦海中又出現另一個聲音：「妳現在所處的環境就是淨土，妳還要到哪裡尋找淨土？裡面是內壇，隔著一道牆也是內壇，同樣都在淨土聽經聞法，重點看誰先『花開見佛悟無生』。」漸漸地她的心安定下來，心情也平復了，開始「隨文入觀」，她感受到「戒香」已遍滿十方，諸佛菩薩親臨壇場，大眾都受到加持祝福。

老婆婆聽我講完，收起淚水歡喜離開。第二天我又和這位老婆婆不期而遇，她很開心地對我說：「師父你沒有騙我耶！我到大壇去禮佛，大雄寶殿的佛祖有對我笑耶！我的心願佛祖聽到了。」

水陸法會分成內壇、外壇，到底是參加內壇功德大，還是外壇呢？其實功德一樣大。在《水陸大意綸貫》有這麼一段敘述：「夫聖恩廣被，必有所憑，將為啟建勝會，先當資其法力，故首之以外壇誦經。道場開啟，眾聖將臨，當須內外淨潔，行止有禁，故次之以內壇結界。」此段經文的意涵是什麼？打個譬喻來說，就好像我們要吃一碗麵，須先煮開水，等水滾了，才放麵條，如此我們就可以吃到香噴噴的麵。外壇就好像煮開水，先將壇場修道氛圍帶動起來，就是所謂的「先當資其法力」；接著內壇在此濃郁的修道氛圍下開展，必能人天歡喜「諸佛海會悉遙聞」，如此法會將更圓滿，所有參與的人都能夠獲得無量無邊的功德。

所以，到底參加內外壇哪一個功德大？依照佛法來說「是法平等，無有高下」，貴在「恭敬誠求，必蒙感應」啊！

4 不忘初心　百年好合

自從佛陀紀念館落成以後，每年國曆一月一日佛光會都會舉辦「百年好合佛化婚禮暨菩提眷屬祝福禮」，地點有時在佛光山大雄寶殿，有時在佛陀紀念館大覺堂。記得第一次舉辦是在民國一百年，表示新人的婚姻百年好合，久久長長；菩提眷屬也能不忘初心，百年好合。尤其星雲大師及其他主婚人的開示都是妙語如珠、發人深省，相信新人或菩提眷屬聆聽以後，一定感動莫名，對他們的婚姻生活一定有很大的幫助。

佛光山「二〇二二年百年好合佛化婚禮暨菩提眷屬祝福禮」於佛光山大雄寶

慧傳法師祝福新人百年好合。

殿前舉行，當天我本來在台下觀禮，因去年有七對佛光青年組織佛化家庭，還有我的姪女也是當天的佳偶，佛光會特別請我擔任主法和尚之一。二〇二三年也有十對佛光青年參加，因為我是國際佛光會佛光青年團總團部執行長，所以再次請我上台。

典禮進行中，看到新人歡喜的笑容、菩提眷屬默契的相望，知道他們彼此心領神會，了解了婚姻經營之道。婚姻的關係究竟是什麼呢？

「二〇二四年百年好合佛化婚禮暨菩提眷屬祝福禮」，慧傳法師與大眾合照。

一般人成年以後都會尋找自己的終身伴侶，「伴侶」兩個字的意義又是什麼？「伴」是由「人＋半」組合而成。表示結婚前是一個人生活，成家以後就只剩下「半個人」；因為兩個人分別來自不同的家庭、不同的背景、不同的思想、不同的習慣，要長久生活在一起，必須經過一段時間的磨合，最後方能心意相通、互助互補，共同成就美滿的家庭，這是結婚以後的重要課題。

星雲大師曾經講過一個深富哲理的譬喻：「在沒有結婚以前，要用兩個眼睛去看，看清楚對象是哪一個；看準了以後，還不能決定，就要像木匠吊線，用一個眼睛去看，或者像科學家使用顯微鏡，用一個眼睛更仔細地看清楚。不過，到了結婚以後就不要再看了，就不要再論長論短了，過去不都看清楚了嗎？結婚以後大家只有相愛，只有更親更熱。我想，這樣的婚姻比較容易美滿、白頭偕老。」

大師的這一番話真是太妙了，他主要告訴我們結婚之前選擇對象要看清楚，但結婚以後就不要用放大鏡去互看對方的缺點，而是要相親相愛、尊重包容、相互諒解、相互欣賞，如此兩個人就變成一個人，家和萬事興啊！

而「侶」字是由「人＋呂」所組合。其中「呂」字由一大一小的「口」組成，上面的口小，下面的口大，代表夫妻有了齟齬，一方的聲音大，另一方聲音就要小，且要「拐彎抹角」、「迂迴前進」的溝通，不能「直來直往」、「批評謾罵」，因為聲音越大，人我的距離越遠；所以老祖宗發明文字的時候，用一條斜線連接上下兩口，真是太有智慧了。

曾經有一對老夫妻吵架，好多天沒有說話，老先生見老太太仍在嘔氣，乃心生一計，到處翻箱倒櫃，將家裡弄得亂七八糟。面對老先生脫序的行為，老太太實在忍不住了，生氣地說：「你瘋了！你到底在找什麼呀？」老先生開心地說：「謝天謝地，終於找到聲音了！」結局當然是夫妻重歸於好。老先生真的是深懂得夫妻相處之道，雖然不用嘴巴表示善意，但行動上卻巧妙地說明我想溝通的誠意。這就是為什麼老夫老妻拌嘴一生，卻能白頭偕老的祕訣啊！

5 禪淨共修獻燈祈福法會

佛門的修持可以分成「自修」和「共修」，這兩者之間的差別在哪裡呢？自修是自我修持的密行，共修是訂出一門功課，大眾一起修持。對於自修和共修星雲大師曾做了一個簡單的譬喻，大師說：「一根木柴火力有限，好多的木柴加在一起，熊熊的火光燃燒，火力就會不一樣，這就是自修、共修的不同。再例如手指頭，一根手指頭能拿多重？拿一雙筷子都拿不起來，不過兩根手指頭，甚至五根手指頭合起來，力量集中在一起，就能拿得起。」

至於自修好，還是共修好？個人的見解，如果你是一個心力很強，對佛法也有相當認識了解，且很自律，相信自修對你來說是可以得心應手；反之，你是一個三天打魚，兩天晒網的個性，奉勸你還是共修比較好，因為藉助大眾力量的加持，就不容易懈怠，也會獲得不少功德利益。總之，自修、共修是不分優劣的，端看自己的心性來決定。

星雲大師為了讓信徒可以從共修中獲得無上法喜、增長道心，於一九九〇年「信徒香會」提出舉辦「禪淨密三修法會」（二〇一四年起改為「禪淨共修獻燈祈福法會」）。

這期間，還曾於一九九六年三月三日到美國加州州立工技大學波莫那分校體育館舉行「點亮希望的燈」獻燈祈福活動，共有三千多人參與，我有幸也能夠參與其中。當天大師親臨會場，開示「點燈」的意義，大師希望在場的大眾點亮一盞慈悲、智慧、歡喜、信仰、和諧、尊重、包容、和平的燈，希望點亮自己的心燈，也點亮別人的心燈，為人間帶來祥和與歡喜，大師的這一番話，獲得在場大眾熱烈掌聲響應。

法會圓滿結束以後，所有西來寺僧信四眾都留下來善後，該搬的搬、該掃的掃、該還的還，徹底將會場清理乾淨。第二天體育館的管理人員，打電話來感謝我們，希望我們明年能夠再到這裡辦理這個有意義的活動。為何呢？據管理人員表示，除了法會的氛圍令他們感動外，主要的原因是結束後我們將體育館清理得太乾淨了，甚至於座椅下方的垃圾都清理乾淨，這是過去使用單位不去理會的部分。當天大師的開示是點亮心燈，我們僧信四眾做到了，也點亮了當地美國人的心燈。

二〇一九年三月二十四日，北區「禪淨共修獻燈祈福法會」，因心保和尚前往澳洲弘法，故由我主持。當天適逢佛光大學女子籃球隊在台北小巨蛋進行 UBA 大專籃球聯賽女子組冠軍戰，所以我除了提到星雲大師「解在一切佛法，行在禪淨共修」的理念外；也祈求諸佛菩薩加持球隊，在座佛光人給予祝福。終於皇天不負苦心人，我們佛光女籃以七十三比五十四擊敗對手，勇奪冠軍。（註１）

總之，一隻燕子無法喚醒整個春天，一盞燈也無法點亮一片明亮的燈海，唯有人人點亮心靈的那盞燈，才能夠照破黑暗帶來光明。今天我們舉辦禪淨共修獻燈祈福法會就是希望透過法會，讓世界和平，人們幸福安康。

法會現場，信徒用手機直播大專籃球聯賽，祈求諸佛菩薩加持。

禪淨共修獻燈祈福法會，慧傳法師獻燈。

註1：籃球比賽有所謂的最佳第六人，就是指啦啦隊的氣勢可以影響賽局的意思，我想我們佛光人真的是最佳第六人。當天比賽我在佛光山普門寺為佛光女將祈願祝禱、加油打氣，同時在她們手心寫上「必勝、準、猛」。也特別在主持「禪淨共修獻燈祈福法會」的時候，請在座的護法信徒，及電視機前面的佛光人集氣加油，讓她們感受到大家的關懷與祝福。還有我們的信徒真可愛，一面參加法會，一面打開手機，希望諸佛菩薩的威德、大眾薰修的功德能夠回向給她們，真的是最佳第六人啊！

6 關鍵時刻停電了

二〇二二年，佛光山舉辦信徒香會，早上九點半在大雄寶殿舉行「金剛經修持法會」。為了讓大眾了解法會的意義，我於九點十五分說明信徒香會的意涵，約莫過了三分鐘，突然停電。在那一剎那，我腦海裡突然冒出一個念頭，到底發生了什麼事情？我是停止？還是繼續？但看到「人間衛視」的攝影機仍直直地對著我，僧信四眾也很安詳地站在原地，我告訴自己，要繼續講，才不會有失威儀，也可以安定大眾的心靈。

雖然麥克風沒有聲音，殿堂的燈光熄滅，我仍然不疾不徐很莊嚴地敘述，等到說明完畢，趕快出來了解停電的原因，原來是全台大停電。依據經驗判斷，這絕不是一時半刻可以解決的，接下來怎麼辦呢？這個時候佛光會署理會長慈容法師建議繼續進行，暫停直播，且通知世界各地的別分院自行誦念《金剛經》。之後都監院文書、資訊中心同仁隨即處理備用電源轉接工作，使得大雄寶殿的法會既能順利進行，而在殿外的信徒又能感覺如在法會現場。後來電來了，法會也順利圓滿結束。

事後，台北道場住持滿謙法師請我去和信徒拍照、講話，首先我讚歎他們回山參加信徒香會，雖然碰到停電，大家仍不忘精進修持，此種精神令人敬佩，接著告訴他們一段往事。

約莫二十年前，我在美國西來寺服務。有一次，西來寺舉辦佛化婚禮，婚禮開始前二、三分鐘突然碰到洛杉磯大停電，這時我看到新郎、新娘面露憂戚，可能他們想到大好的婚禮竟然停電，是否象徵著婚姻前途黯淡無光？這時我趕緊告訴知客法師，請義工在新人進場的時候彈奏《結婚進行曲》，並且在走道兩

慧傳法師與新人及家屬合影。

旁的盤花上點上蠟燭，增加亮度也增加氣氛，終於婚禮順利進行。

雖然克服了停電所帶來的不便，但看到現場的賓客少了喜悅，多了嚴肅，知道他們仍受到這個突如其來的停電影響，因而在開示的時候，我對大眾說：「外面不來電沒有關係，只要新郎新娘來電就好了。」頓時會場響起了熱烈的掌聲，人人綻開了笑容，彷彿黑夜有了光明，寒冬有了溫暖，這時我才放下一顆忐忑不安的心。

接著我又對與會大眾說：「人

生難免會碰到災難，但只要我們轉換念頭，哭婆變笑婆、黑夜變白晝、悲觀變樂觀、沮喪變奮起，相信未來的人生，不論碰到任何的艱難挫折，一定都可以安然度過。星雲大師在《佛光菜根譚》有這麼一段話，可以作為我們的座右銘：『為人處事，要能如水：遇山水轉，遇岸水轉，遇石水轉；無論遇到誰，我轉。』」

7 是回「家」(home) 非回「家」(house)

一年一度的國際佛光會世界會員代表大會，由於新冠肺炎的關係，三年沒有實體舉辦，都是以視訊的方法進行。二〇二三年，因為疫情漸漸緩和，得以在佛光山舉行，所以世界各地佛光人紛紛回來參加；加上我們敬愛的星雲大師圓寂，大家更是踴躍報名，希望回總本山禮祖，表達對大師的追思緬懷。

正當大家懷著孺慕之情要回來佛光山時，氣象局報導中度颱風「小犬」襲台，且時間是在十月五日大會報到當天，此訊息讓主辦單位佛光會傷透腦筋，乃策劃出許多因應方案。颱風來襲，雖有些班機被取消、有些飛機被迫飛往他地，但仍

國際佛光會香港協會會員代表於機場合照。

然阻止不了佛光人要回山禮祖的決心，對於他們這種勇往向前的決心毅力，我深感佩服，所以當佛光人回到佛光山的時候，我除了前往歡迎，也特別慰勉他們，和他們閒話家常，了解這些年來的弘法情況，以及參加大會的感懷。今將所見所聞說明如下：

一、不畏風雨　參加大會

十月五日，當佛光人從香港準備飛回台灣時，因小犬颱風風勢太大，機長宣布航班取消，等待明天起飛因緣，此時空服人員打開艙門，列隊送乘客。可能空服人員擔心乘客過激會有言語攻擊，各各臉色凝重；沒想到香港佛光人發揮大師「給人信心」、「給人歡喜」的精神，給他們掌聲、道謝，頓時空服人員有了笑容、有了希望。感謝香

國際佛光會 2023 年世界會員代表大會，與會人員於藏經樓大合照。

港佛光道場住持永富法師的教導，讓我們佛光人知道行佛的重要性。

十月六日早上，當香港佛光人正在辦理手續準備登機時，台灣佛光山也正好進行開幕典禮，香港佛光人迫不及待地打開手機觀看，雖然他們不在現場，但司儀仍是高聲介紹：「現在我們介紹仍在機場等候起飛的香港協會會員代表。」此時現場響起熱烈的掌聲，表示對他們的支持及鼓勵；而香港佛光人也是歡聲雷動，謝謝世界各地佛光人沒有遺忘香港佛光人，此情此景令人動容啊！

二、是回「家」(home) 非回「家」(house)

因為大家將近四年沒有回佛光山，加上大家想回山緬懷星雲大師，因而這次參加會議的人數超過二千人，加上義工人數那就更可觀了。常住為了讓大家有個舒適的住宿品質，將所有房間釋放出來。主辦單位在房間安排上，也煞費苦心，凡是世界總會的重要幹部及貴賓住兩人房，其餘則住一般客房。

此時出現了一個問題，有許多佛光人因為不是總會的幹部，必須住八人房的房間，但這些人平日公務出差，都是住商務客房，如今卻和這麼多人擠一個房間，因而主辦單位很擔心他們會住不習慣而有所怨尤，但經過一番交談，發現他們不但沒有心生不滿，反而說：「佛光山是我們的家，是我們精神慧命之家，我們是『為法而來』，非『為床座而來』。」

佛光山是我們溫暖的「家」（home），不是一棟建築物的「家」（house）。遊子回到父母之家，看到高堂健在，身體安康；兄弟姊妹，和睦相處；晚輩溫文有禮，氣度不凡，哪裡會去嫌棄家裡的寒酸？縱然粗茶淡飯、床鋪簡陋，也都是滿滿的幸福與溫馨。俗語說：「金窩銀窩，不如自己的狗窩。」（East, west, home is the best.），相信這就是陳澄慧主委創作大會主題曲「歡迎回家」的含義吧！

8 如何喚醒失智者？

有一年過年，有一家人推著一位長者要前往大雄寶殿禮佛，那時往大雄寶殿的電梯還沒有裝設，由於是上坡，一位法師看他們氣喘吁吁，乃上前幫忙。在閒談中方知坐在輪椅上面的老人家已經失智，但仍記得過年要到佛光山大雄寶殿上香禮佛。這位長者雖已經失智，但信仰的力量，讓他內心仍有一個強大的依靠。

另外，《人間福報》曾刊登過一篇感人的文章，內容敘述曾是紐約芭蕾舞團首席舞者瑪塔．岡薩雷茲（Marta C. González），因罹患阿茲海默症，忘掉過去的事情。有一天護理人員為喚醒她的記憶，幫她戴上耳機，並播放她表演過無數次的《天鵝湖》音樂，起初她的手跟著比劃一下，但隨即垂下雙手、搖搖頭，表示記不起來了。

但護理人員沒有放棄，輕吻她的手以示鼓勵，此時瑪塔身體機能好像甦醒了，開始舞動起來。雖然坐著輪椅，下半身無法動彈，但上半身所表現出來的舞蹈動作，卻是那麼優雅，事後人們拿出她在一九六七年表演過的《天鵝湖》做比較，發現動作竟然一樣。無怪乎《人間福報》下的標題是〈音樂打敗阿茲海默症前首席舞者隨天鵝湖起舞〉。

另有一則是和我外祖母有關的失智故事。二〇〇五年的春節，佛光山舉辦「花木奇石花藝展」，我高齡一百多歲的阿嬤，在舅舅、阿姨們的陪同下，上山賞燈禮佛及祭祖。當他們到了麻竹園，我上前招呼，此時舅舅問阿嬤：「卡將卡將，這位是慧傳師，您認得未？」只見阿嬤面無表情直視前方，舅舅補充道，阿嬤最近愈來愈認不得人了。

約莫到了四點，我向常住申請了幾部電動車，帶阿嬤及長輩們到位於佛陀紀念館預定地的素食動物園。一路上，許多法師、信徒們無不歡喜過來問候招呼，因為許多人都認識阿嬤；但阿嬤臉上卻完全沒有表情，迥異於以前與人為善的性格，我們只好在旁邊補充道，真是對不起，阿嬤最近比較記不住事情。

當車子抵達素食動物園，負責園區的慧延法師，拿了一把牧草讓我們去餵食，舅舅、阿姨們也都很歡喜地拿了牧草和駱駝結緣，但奇怪的是駱駝卻特別和阿嬤投緣，走過來啃食她老人家手中的牧草，此一剎那，阿嬤竟然笑了。結束了園區之旅，我們搭電動車準備返回傳燈滴水坊用餐，沿路上，法師及信徒們一樣向阿嬤打招呼，此時阿嬤不再面無表情，而是頻頻點頭，微笑合掌回禮。當我們到了傳燈樓，阿嬤坐上輪椅，突然開口問我：「美國耶！恁慧龍去叨位？」這短短的一句話，讓我嚇了一大跳，阿嬤幾小時前還不認識我，如今不但記得我，連我的哥哥慧龍法師也記起來了。為何會這樣呢？

因為慧龍法師很早就跟隨星雲大師學佛出家，或許是阿嬤疼孫的心情，加上幾乎每年會和家母一起到佛光山探視家兄，還有重要的活動、法會都會碰面，所

慧傳法師的阿嬤與家人在素食動物園餵食駱駝。

以對慧龍法師記憶特別深刻。而我為何變成「美國耶」？由於阿嬤的國語發音不準確，「慧傳」在她口裡似乎就變成了「飯糰」，可能老叫不好，再加上我有很長一段時間在美國西來寺服務，較少回台灣，因而阿嬤時而會問家人：「美國耶，有返來唔？」於是我就成了「美國耶」。

從以上幾則實例，我們發現信仰帶來力量，讓老信徒記得過年一定要到佛光山點燈禮佛，祈求自己及家人一年能夠平安吉祥。罹患阿茲海默症的舞蹈家瑪塔，因為太過熟悉《天鵝湖》的舞蹈動作，雖然已經喪失記憶，但潛藏在心裡的深層意識，一旦在愛的激發下，她就復活起來了。還有我的外祖母因為駱駝的有趣舉動，竟然讓她老人家開心起來，記憶起許多的事情來，真的無法解釋。總之，今天舉出這些實例，提供讓一些擔心失智的人，有一個減緩的方式；也讓正在陪伴失智的人，有一個方向。

9

南美弘法行有感

我第一次到南美洲是在一九九七年，那一次是隨同國際佛光會世界總會祕書長慈容法師前往巴西、巴拉圭主持幹部講習。一九九八年八月，奉祕書長之命我前往智利、玻利維亞、祕魯、厄瓜多爾及阿根廷了解當地華人的需要，傾聽他們內心的聲音及傳播佛法的種子。因十月一日第七次世界會員代表大會，我還要到多倫多協助大會的籌備，所以行程緊湊，短短的十五天內，走訪了五個國家、六個地區，共舉行二場開光佛事、十一場的灑淨、二場幹部講習、六場的演講、二十二場家庭普照。雖然忙碌非常，但從訪談、拜會及信徒會員的口中，獲得相當多的訊息及感人的事蹟，茲將一些見聞及感言和大眾分享。

一、風土人情的特別

俗話說：「讀萬卷書，行萬里路。」這一句話說得不錯，念書可以充實知識，參訪更可以深入體會書中的道理。這一次如果沒有親訪這些國家，有許多事情恐怕還想像不出來。例如，鳳梨肉長種子、蕃茄皮像百香果皮一樣硬、木瓜和冬瓜一樣大、懶猴的動作像烏龜一樣慢、智利依基克沙漠可以打十八洞的高爾夫球、沙粒堆積出的山脈竟然不會崩坍，甚至可以建造道路行駛車輛。但以上這種種特殊的現象，都還比不上風土人情令人驚歎。

一些南美人因為生活貧困，貪小便宜、偷東西變成家常便飯，華人為了應付店員、傭人順手牽羊，想出許多方法防治，但「道高一尺，魔高一丈」，防不勝防。如當傭人藉故要去倒垃圾，這時贓物可能就在垃圾裡；當他始終不肯張開嘴巴，這裡頭一定有文章；當老闆人贓俱獲送交法庭查辦，他會說我沒有偷東西，是我需要它。這時法官甚至會責怪主人不能體恤下屬，認為主人擁有這麼多，給下屬一點有什麼關係。甚至有時傭人會把好吃的東西留下來自己享用，主人問為何這麼貪心，他則回答：「我也需要補充營養。」

曾經有一位華人發現買回來的上等魚肉短少，懷疑是傭人所為。一日在傭人房間找到魚肉，嚴厲地數落他的不是，想不到對方竟然臉不紅、氣不喘地回答：「當初應徵的時候，你說吃、住全部負責，星期六我要回家，中餐沒有吃，帶回去有何不對呢？」類似這樣的例子層出不窮，叫人又好氣又好笑。

雖然他們有這麼多不當的觀念及不良的習氣，但有一點卻是我們一般人做不到的。例如，有一個華人，為了細故，和鄰人吵架，甚至差點動手打起來，幸好被拉開，才沒有發生事故。華人回到家發了毒誓，這一輩子絕不和這位鄰居說話。第二天冤家路窄，兩人竟然在巷口不期而遇，華人自然地將頭轉向別處，想不到鄰人高聲地和她打招呼，見她沒反應，還特地跑去搭訕，惹得這位華人不知如何是好。事後華人問鄰人：「你忘了我們昨天的衝突嗎？」鄰人說：「真的嗎？

我怎麼不記得了！」好一個「不把煩惱帶到床上，不將怨恨留到明天」。本以為這只是一個個案，想不到各地華人都說南美人普遍如此。這真的是一半一半的世界，有黑暗的一面，相對的光明的一面也在另一個地方顯露出來。當我們覺得南美人品德有缺陷，不值得我們尊敬的當兒；是否想想他們在某一方面也有值得我們學習的地方啊！真是「三人行，必有我師焉。」

二、海外華人的心酸

在玻利維亞聽到「You are very Chinese.」是一句恭維的話，表示你像中國人一樣地勤勞，可見華人在海外的努力普遍受到當地人的肯定。

然而在一次座談中，聽到一位從大陸舟山群島撤退的老兵慨嘆地說：「我去台灣，台灣人稱我是大陸人；我回大陸，他們卻說我是台灣來的人；移民玻國，當地人又叫我是China。到底我是哪裡人？」他的這番話道出華人移居海外，無法完全被認同的無奈，到底我們華人身處海外應該如何自處呢？

記得一九九三年我任職於佛光山北海道場，當時舉辦短期出家修道會，有兩位來自海外的青年奉父母之命來參加。這兩位青年不認同自己是華人，語言又無法溝通，加上受不了嚴格的僧團生活，幾次想中途離去，經過一番溝通，才勉強留了下來。沒想到捨戒當天的綜合座談，他們竟然以身為華人為榮，且願意學習中華文化，協助佛光會的發展。這個轉變令人驚訝，原來這次修道會讓他們真正感受到與同文同種的人相處在一起的融洽自在，而非在國外仰人鼻息。因而特別恭喜他們找到了自己的根。

短期出家結束後，兩位青年準備離去，當他們經過花圃時，我指著一簇簇的菊花，問他們為何一株枯萎，另一株盛開，他們回答：「一株有根，一株沒有。」「對了！這些菊花本來是插在花瓶裡，一旦移植到戶外，體質良好的在土壤裡生了根，可以適應截然不同的環境，吸收大地的精華，不但生長得活潑健壯，同時又沒有失去本身的特性。我們華人在海外發展也是如此，無論你是第一代，或是第二、三代的子弟，血液中所流的都是炎黃子孫的血，雖然我們不承認自己是華人，但當地人仍認為你是黑眼珠、黃皮膚的華人。因而我們必須認同自己的文化，推廣自己的文化；進而積極融入當地社會，回饋社區，促進不同種族文化的溝通交流；讓所居住的地方，因我們的存在更加地多采多姿。」青年聽我這麼說，若有所悟，歡喜地道別，我感覺到佛法的根有朝一日在他們的努力下會在當地扎根發芽。

三、宗教信仰的重要

到南美創業的華人，大都是赤手空拳闖天下，每個人都有各自的遭遇，有人帶了僅有的微薄家當來討生活；有人生意失敗，露宿街頭；有人月入美金幾百元，卻要養家活口；有人被恐嚇勒索，財務損失不輕；有人初到此地，人生地不熟，相信了自己的同胞，結果不但沒有得到幫助，反而錢財被對方騙走；有人好心幫助朋友，提供生意竅門，卻換得對方做同樣生意與之競爭。加上語言、生活方式的不同，搶劫、偷竊之風盛行，內心苦悶，煩惱之火無處宣洩，肢體衝突、打老婆出氣時有所聞，刀棍械鬥、槍擊案件也已不是新聞。在這樣的環境下，宗

慧傳法師蒞臨阿根廷，信眾舉紅布條歡迎。

教成為華人相當重要的依靠。

在玻國聖塔克魯斯約有一千華人，一年約有七十多個和華人有關的暴力衝突案件；但自從媽祖廟蓋好以後，暴力衝突事件愈來愈少，上香拜拜的情形愈來愈多。可見宗教在淨化人心、疏導情緒上的作用。因而這趟南美之行，只要信眾有所要求，無論家庭普照、開光灑淨都儘量圓滿大家的心願，只希望佛法的慈光可以溫暖大家的心房。

這一路的弘法能夠順利圓滿，了解到這麼多苦難的事情，體會到華人奮鬥的艱辛，獲得這麼多寶貴的知識，必須感謝智利林居士賢伉儷，他們放下手邊的事業，全程陪同，在他們妥善安排、細心照顧下，我才能無後顧之憂地專心弘法。同時也要感謝各地護法信眾的全力護持，熱心接待，寄望有緣的將來，再次蒞臨南美，散播人間佛教的法音，和大家共同分享成長的喜悅。

10 為善不欲人知的故事

三年前，有位佛光人的姪女罹患黃斑部病變，醫生說必須趕快醫治，否則會失明；但是如果申請健保給付，約需等候半年，此段時間有不可預測的風險，可能會惡化到眼睛完全看不到。為了儘快化解此難關，醫生建議可以自費打特殊藥劑來延遲惡化，以當時的價碼打一針約需二萬元，因而她們決定自行付費。

這一天，當她們在候診室等候打針之際，看見一位臉上長了胎記的婦女面帶愁容，旁邊還有一位女生在哭泣。師姐覺得有異上前關心，詢問後得知正在哭泣的女生是這位婦女的女兒，也罹患了黃斑部病變，左眼感光率只剩約百分之二十，右眼也只剩下一半。這位師姐意識到這症狀和自己的姪女一樣，乃告訴婦女要儘快治療，否則會失明。此時婦女無奈地說，家中沒錢，無法自費，必須等待健保給付。

閒聊中婦女談起自己的悲慘身世，原來她的先生是建築工人，一日兒子去工地探望父親，當父子準備一起回家時，突然掉下一片鋼板，不偏不倚地砸中他們，經急救後仍然無法起死回生。此時已經淚流滿面的婦女說，現在家裡還有兩位中風的公婆要奉養，如今女兒眼睛又有問題，自己靠打零工維生，真的不知道該怎麼辦。

正當師姐要繼續了解這對母女的情況時，醫生走了出來，說師姐的姪女可以治療了。等完成所有醫療程序後，師姐請醫生幫個忙，讓正在等候的那位女生也可以在今天注射藥劑，費用由她來支付，但請醫師千萬不要告訴這對母女，以免她們心生掛礙，只要對她們說健保給付的藥劑已經到了。等過一段時間，她們健保給付的藥劑批示下來，再幫此女注射第二劑，如此那對母女就不必左右為難了。醫生聽了之後，很感動這位師姐為善不欲人知的慈悲心腸，乃答應她的請求。

三年後，師姐再次帶姪女去醫院檢查，碰巧遇到臉上有胎記的婦女，也帶著女兒前來檢查眼睛。那位女生對師姐點頭微笑，這時師姐想起了三年前的往事，但她很納悶：為什麼這位女生會記得我？當初我不是請醫生替我保守祕密嗎？既然此女向自己打招呼，也應該禮貌和她寒暄。經過一陣閒談，女孩說：「非常感謝有位好心人士協助，讓我病情沒有惡化，且持續進步。因眼睛好轉，讀書比較沒有那麼吃力，今年學測考上台大；但為了照顧阿公阿嬤，並減輕母親的負擔，所以決定申請離家近的大學，且可以請領全額獎學金。」這位師姐很欣慰，想不到當初一個善舉，不僅保全了這位女生的雙眼，同時也讓她考上理想的大學。

《星雲日記》有這麼一段話：「有時候，一塊錢的結緣可以救人一命，一個善念的結緣也可能會影響一個人的前途。」這位佛光人確實踐履了星雲大師的開示，真正和大師的「三好精神」相應啊！

11 大年初一與彌勒菩薩聖誕

每到「過年」，大家見面的第一句話就是互道「恭喜」，為何如此說呢？相傳古時候有一隻「年」的怪獸，每到除夕就會出現人間，吞食牲畜、傷害人命、破壞村莊。因而每到此日，大家都紛紛走避，以免受到波及。

有一年，年獸又出現在某一個村莊，這時正巧遇到一位穿紅衣、正在燃燒竹子取暖的人。年獸見眼前

飛來峰石窟第 68 龕大肚彌勒龕像。

紅光閃耀，又聽到「劈劈啪啪」的燃竹聲響，嚇得狼狽逃竄，大家因此知道「年」的弱點。從此之後，大家於除夕當天貼上紅聯，燃放爆竹，果然年獸沒有出現，隔天（大年初一）大家慶幸過了「年關」，互道「恭喜」。這雖是一則傳說，但也說明了為何世界各地的華人會在過年貼春聯、放鞭炮、穿紅衣及互道恭喜，場面好不熱鬧。

寺院道場為順應民俗，也於過年張燈結綵、貼上春聯，並舉辦各種活動法會。就以佛光山來說，有「禮拜千佛」、「點燈祈福」、「朝山禮佛」、「殿堂參拜」、「叩鐘祈福」、「花燈共賞」、「吉星高照」、「光照大千」、「藝文展出」、「花車遊行」等。

其中禮拜千佛，乃因為佛門普遍認定正月初一是彌勒菩薩聖誕，所以當天早課「新春拜年」之後，一般會舉行「禮千佛法會」，藉由禮讚稱念「南無當來下生彌勒尊佛」，希望彌勒菩薩早日來到人間，成就人間淨土，讓大家可以過著幸福快樂的日子。

星雲大師說：「《彌勒下生經》中曾說，彌勒菩薩當來下生時，我們的世界一片光明，大地平整如鏡，遍地綠草如茵，花朵芬芳美麗，四季氣候宜人，農業五穀豐收，不用占有，物品隨意所有，大家和睦相處，慈眼相待，沒有戰爭，社會安全，是一幅皆大歡喜，純善美好的人間淨土。」所以〈佛寶讚〉最後兩句「龍華三會願相逢，演說法真宗」，可以看出佛教徒渴望彌勒菩薩的早日到來。

彌勒菩薩何時自兜率天下生人間呢？依據佛門的說法是佛陀入滅後五十六億七千萬年，這是一個多麼遙遠的歲月啊！所以我們與其漫長地等待，不如「求彌勒，拜彌勒，自己當個彌勒」，讓人間因為我們的存在，到處充滿歡喜、幸福安樂的景象，此時不就是彌勒淨土重現人間？以如此的心態過年，相信會更有意義。

12 初二回娘家

民間習俗大年初二是出嫁女兒回娘家的日子，因習俗認為除夕或初一回娘家會把娘家運氣帶走，且表示婆家沒有飯給媳婦吃，所以除夕、初一女兒不敢回娘家。

嫁出去的女兒不回娘家的說法很早就有了，據《戰國策》中的名篇〈觸龍說趙太后〉記載，秦國欲攻打趙國，趙國求助於齊國，齊國提出條件，一定要用長安君作為人質，才出兵，但趙太后不同意。不論多少大臣勸諫，太后就是不聽，且說：「誰要再提此事，我老太婆一定朝他臉上吐口水！」

群臣一時束手無策，這時老臣觸龍親自出馬，他佯裝自己老邁，健康不佳，希望為兒子謀一官半職，方能安心。太后聽了觸龍的來意，漸漸卸下心房，雙方各自提出父母對子女慈愛的看法。在融洽的氣氛下，觸龍提到太后愛女兒燕后勝過其子長安君，因為燕后出嫁時，太后哭得傷心欲絕，且拉住她的腳跟，不讓她離開。逢有祭祀還特別為燕后祝禱，希望她不要被夫家嫌棄，而被送回趙國，這樣她的子孫才有機會當上燕王，這難道不是為燕后打算嗎？

反觀太后卻不為長安君作長遠著想，綜觀各國歷朝歷代的國君，後嗣繼承先人的封爵厚祿，幾乎沒有幾個仍享有富貴榮華，因為無功於國家社會啊！如今長安君對趙國沒有貢獻，卻享受著優厚俸祿，有一天太后您不在了，長安君憑什麼在趙國立身呢？

這時太后終於明白真正愛護子女的道理，就讓長安君到齊國當人質，解決了趙國之危。從此篇文章可知，趙太后為何不希望燕后被遣送回趙國，也了解古人為何不讓嫁出去的女兒回家的原因了。

前文提到除夕、初一出嫁女兒不回娘家是有道理的，畢竟家裡仍有公婆、丈夫、孩子，在這麼重要的節日回娘家，常理上是說不過去的。雖然這個時候不能回家；但在科技發達的現代是可以克服的，手機拜年、視訊通話都很方便，既解決不能回娘家的習俗，也解決了父母對子女的思念之情，同時促進了家族之間的和樂融融。等因緣時節許可之下，再帶著全家大小回娘家探望父母，相信這是父母最期待的一件事情。

我們的生命除了父母給我們肉體的生命，其實還有一個精神上的生命，那就是我們的「法身慧命」，這個法身慧命之家就是寺院道場，也是我們的娘家，這個娘家不但天天可以回去，甚至除夕、初一都可以回去。星雲大師曾說：「寺院就像人生的加油站，像心靈的百貨公司，是成聖成賢的學校，是一座藝術的殿堂，也是善友往來的聚會所，更是去除煩惱的清涼地。怎麼說呢？世間的錢財，只能濟人燃眉之急，但是無法息滅心中的貪、瞋、痴三毒；而佛法卻能淨化人的心靈，斷除人的煩惱，使人心開意解，其影響力是生生世世的。因此，寺院就好比學校，能化導眾生的迷惘。」

所以嫁出去的女兒，除了要照顧好自己的家庭外，也要懂得關心娘家的父母。同時也要引導家人時常回寺院和佛陀接心，向法師們學習，如《佛說吉祥經》所言：「忍耐與順從，得見眾沙門，適時論信仰，是為最吉祥！」（註1）如此我們的生命一定更加完好美滿。

註1：請參考《奮起飛揚在人間》〈諸事吉祥，如何獲得圓滿如意的人生〉的解釋。

13 「初三睏到飽」新解

台灣民間流傳著一首新年的歌謠：「初一早，初二早，初三睏到飽。」初一早，初二早，是可以意會，因為初一要去拜年，初二要回娘家，當然會早起。但初三為何要睡到飽呢？在民間有幾個說法：

一、民間認為初三是「赤狗日」，相傳這一天是古代神話「五帝」之一的南方赤帝「赤熛怒」（俗稱「赤狗」）下凡的日子，如果遇上會不吉利，所以這一天禁忌特別多，不宜外出及宴客。另外，「赤」字含有「赤貧」之意，外出會犯沖，又會帶來貧窮，所以寧可信其有，當然不出門，在家「睏到飽」了。

二、初三老鼠娶新娘，所以大家要早睡晚起，且在家中角落撒一些米粒或糕餅成全老鼠的好事。此觀點如同蘇東坡「為鼠常留飯，憐蛾不點燈」的慈悲觀。

三、另外一個說法比較合理，就是從除夕到初二的活動太多，大家都疲憊了，所以初三要好好地調息一番，晚一點起床，才有體力繼續春節的活動。

其實不論哪一種說法，都有它產生的道理，尤其老祖宗們對於大自然的變幻莫測、無比威力產生敬畏，因而留下許多禁忌。

如民間所言，初三是「赤狗日」，人們怕太早出門，會碰到兇神惡煞，對自己不利。這種以訛傳訛，成為民間禁忌的現象，也發生在早年香港，當初香港不少人喜歡賭博賽馬，所以一些人不喜歡看到出家人，因為出家人頭髮理光光，看到他們賭博賽馬會輸光光，甚至有部分的計程車司機也拒載出家人。

星雲大師為了改變這種禁忌，每次到香港坐計程車，假如車資是二十元港幣，會給他們一百元小費，大師也鼓勵佛光山徒眾比照辦理。後來發現有些計程車司機態度改變了，他們對出家人客氣了，甚至於有的不收費，有的還會主動捐錢要法師幫他布施做功德。

大師在紅磡香港體育館講演二十年，是大師走向國際的重要里程碑。

後來大師在紅磡香港體育館講演，他告訴所有的大眾：「人生的財富並非只有金錢、股票、有價證券，乃至黃金、鑽石等，人生有了慈悲、智慧、明理、感恩、知足等佛法，就能擁有另類的財富。因為佛法可以幫助我們建立正確的思想與觀念，有了好的理念，就能擁有財富，所以佛法才是人生最寶貴的財富；而出家人就是要把佛法、把財富帶給大家，所以見到出家人不是會輸錢，而是會發財。」

大師的這一段話，引來觀眾熱烈的掌聲，此後許多人不再排斥出家人，還有人把出家人當成財神爺，不但恭敬出家人，也喜歡聽聞佛法，也因為喜歡聽聞佛法，改變了許多以前的謬見。真的有了好的觀念就能獲得財富，因此大師常說：「只要能把觀念一改，地獄就會變為天堂。」

所以當我們人生碰到了禁忌，星雲大師於香港的這一段喜捨經歷，以及有好觀念就有佛法之財的看法，值得我們省思。

14 天公生與供佛齋天

民間習俗認為農曆正月初九是玉皇大帝的誕辰，也就是俗稱的「天公生」，此日民眾會舉行祭拜典禮，但在佛門初九這一天則是舉辦「供佛齋天」，這兩者有何不同呢？

在民間玉皇大帝有許多稱號，如「昊天上帝」、「元始天尊」，俗稱「天公（伯）」、「老天（爺）」、「上天」、「蒼天」，統管天上神明，是宇宙的主宰。所以民間俗諺說：「天頂天公，地下母舅公。」（註1）道出天公的崇高偉大。然玉皇大帝在佛教中稱為帝釋天或釋提桓因，是屬於欲界忉利天的天主，常

石窟庵帝釋天。

聽聞佛陀說法，曾在佛前發願，永遠護持佛教，奉行正法，勤修諸善，遠離惡行；同時謹遵佛陀囑咐，巡行人間，獎善罰惡，廣化眾生，成就有德之人，是佛教的大護法。（註2）

由於有這些因緣，因此佛門在農曆正月初九會舉行「供佛齋天」，備辦百味飲食、酥酡妙味，先供養佛法僧三寶，再請與我們人間有密切關係的二十四席護法龍天用齋，當然帝釋天是其中一位座上賓。

為何要供養佛法僧三寶呢？因為三寶就像黑暗中的燈燭，大海中的慈航，火宅中的甘霖，能加被我們平安吉祥，心靈更加昇華超越。而其他諸天，除了是皈依弟子，又受到佛陀的善付囑，護持芸芸眾生修持佛法，不受邪魔所擾，同時以威神力護佑眾生祛惡化邪、息災免難、降福人間，讓正法永住；所以「供佛齋天」比單純「拜天公」的意義更加殊勝。

二十多年前我在西來寺服務期間，每到農曆正月初八晚上，都會主持灑淨及「大齋天」的請聖儀式，通常要到凌晨一點左右才結束。初九早上還要舉行獻供、上供及送聖，也就是虔誠恭敬禮請三寶、龍天護法用膳，之後還要隆重地送祂們離開，才算圓滿了兩天的功德佛事。

如何參與供佛齋天盛事，現列舉如下：

一、要懷著感恩的心：感謝三寶、龍天一年來的護佑，讓我們無災無難，諸事吉祥，所求滿願。

二、要懷著歡喜的心：就好像家中辦喜事，要以歡喜的心，接待來訪的賓客，如星雲大師所說「來時歡迎去時相送」。

三、要懷著恭敬的心：如同三寶、龍天就在我們的面前，我們要用虔誠恭敬的心獻供上供，不可輕心慢意。

四、要認識三寶、龍天：也就是對於所邀請的對象，要去認識了解，如《佛教叢書．教用》〈佛教與民間節慶〉所言：「主管財寶及智慧的大功德天、大辯才天；曾經請佛住世的四天王天；主宰人間風調雨順的日宮太陽天、月宮太陰天、鬼子聖母天、娑竭龍王天；獎善懲惡的星宮月府天、閻摩羅王天、緊那羅王天、雷神大將天等。」如此我們才能夠真正和三寶、龍天心意溝通，得到護佑，如此參加供佛齋天才有意義。

註1：在閩南地區有句俗諺：「天頂天公，地下母舅公」，表示天上玉皇大帝最大，而人間則是母舅最大。

註2：請參考《奮起飛揚在人間》〈龍天護佑，如何成為他人生命中的貴人〉。

15 元宵節與蘇軾

農曆正月十五日是「元宵節」，英文稱為「Lantern Festival」，可見國外人士對元宵節的印象和燈籠有關，尤其夜幕低垂，各種閃亮奪目的花燈煞是好看；加上人們提著燈籠到處遊玩賞燈，顯現出社會和諧、繁榮歡樂的景象，難怪國外人士會如此稱呼。

正月十五日為元宵節的由來，民間有好幾種傳說。其中一說，有位被貶凡間的神仙回天宮向玉皇大帝妄告凡間人無惡不作，玉帝大怒，派另一位神仙下凡，於正月十五夜晚焚燒人間；而這位神仙變作一位老乞丐明察暗訪，感受到人世間諸多溫暖，他實在不願傷害這些善良的人們，但天命難違，於是他心生一計，吩咐人們在正月十五晚間都燃起火把，亮起燈籠，如此大地上一片火光沖天，騙過了玉帝眾神，從而使人間躲過一場劫難。自此以後，每到正月十五日，家家戶戶都要張燈以表紀念，遂相沿成俗。

另一說，乃漢武帝創建「太初曆」時，把祭祀「太乙神」的正月十五日列為重要節日；漢文帝在正月十五日平定「諸呂之亂」後稱帝，有感太平盛世來之不易，乃定此日為「元宵節」。家家戶戶張燈結綵，君民同樂，以示慶祝。

其實元宵節的來由，還有多種說法，就不再繼續贅述，倒是元宵節和佛教的因緣，應該說明一下。根據星雲大師《佛教叢書．教用》〈佛教與民間節慶〉云：「據載，漢明帝永平十四年，道士褚善信等六九〇人上表抗議皇帝崇信外來的佛教，並表示願以焚經方式比驗真偽。明帝便令二教於元月十五日設焚經台比試，結果道教經書多數被焚，而佛經、佛陀舍利『光明五色直上空中，旋環如蓋，遍覆大眾，映蔽日輪……天雨寶華，大眾咸悅』。於是明帝為了慶祝佛法在中國大放光明，就下令全國在正月十五日元宵節晚上，一律張燈結綵，表示對佛教的崇敬。自此，每年的元宵節家家戶戶都張燈結綵，觀燈的遊人如織，萬人空巷，成為最熱鬧也最富特色的年節慶典之一。《大唐西域記》也有印度摩竭陀國在正月十五日，僧信雲集觀看佛陀舍利放光雨花的記載。可見元宵節放花燈的習俗，在佛教界早就相當流行了。」

由於有這麼多典故，元宵點燈的習俗，就這樣代代相傳，且愈來愈熱鬧，不但皇帝重視，連平民百姓也歡喜參與。甚至北宋神宗為了賞燈，引發了買「浙燈」的風波，事情緣由是這樣的。

元宵節快到了，宋神宗為了讓太皇太后、皇后開心，準備採購當時最精巧、最負盛名的浙江花燈來裝飾布置，同時下旨，以一半的價錢收購花燈，且禁止私下買賣。因事不關己，朝臣沒有人反對。

然時任開封府推官的蘇軾卻看不下去，雖然他官位低，又和本職無關，但仍洋洋灑灑寫了一千多字的奏摺上報，他說：「賣燈之民，例非豪戶，舉債出息，畜之彌年。衣食之計，望此旬日。陛下為民父母，唯可添價貴買，豈可減價賤酬？」也就是說賣燈小民，都非大戶豪紳，有些人甚至舉債借錢、支付利息，累積了一點資本從商，冀望此次賣出彩燈，還款養家，貼補家用。值此情況，皇上您只能加錢幫助百姓，怎麼能夠減價買燈呢？希望皇上可以收回成命，不要為了賞燈玩樂，剝奪了老百姓的生計。

神宗皇帝看了蘇軾的「諫狀」，不僅沒有治他大膽妄言，也不怕朝臣非議他的朝令夕改，豁然大度接受蘇軾的建議，收回成命，取消買「浙燈」之事。這就是蘇軾有名的〈諫買浙燈狀〉的部分內容。蘇軾這種實事求是、關心社會、體恤民瘼、勇於承擔，「敢為天下先」的人格特質，值得我們效法學習。

如蘇軾向宋神宗的建言，其實在九百多年後的今天，星雲大師也有同樣精神。記得早年一位姓葉的鞋商，向大師兜售羅漢鞋，大師不但不要求減價，還多給對方錢，鞋商很感動地表示，別人都要求打折扣，你卻加價。（註1）大師的這種慈心善舉，就是「心中有佛、目中有人」的菩薩心腸，也是蘇軾對宋神宗的建言「陛下為民父母，唯可添價貴買，豈可減價賤酬？」

所以我們要如何歡度元宵節呢？除了吃元宵、提燈籠、賞花燈及到寺院點光明燈外，同時也要效法星雲大師、蘇軾的這種菩薩心腸，點亮自己的心燈。

註1：請參考《星雲大師全集．百年佛緣》〈我的人間性格．買鞋加價〉。

16 普中學子雲端浴佛

每年農曆四月初八，是佛教徒歡天喜地慶祝的日子，因為這一天是佛教教主釋迦牟尼佛誕生的日子。根據佛經記載，釋迦牟尼佛未成道前，為北印度迦毗羅衛國淨飯王之太子悉達多；太子誕生當天百花盛開，天空有九龍吐出清淨的香水，為悉達多太子沐浴，所以佛誕節又叫做「浴佛節」。

悉達多太子真的需要我們為他沐浴嗎？其實浴佛的含義，是藉助沐浴太子的聖像，來洗滌我們內心的貪瞋痴煩惱汙垢，顯現出我們內在的清淨佛性。浴佛的目的，就是在淨化我們的心靈。

因為浴佛的意義太重要了，佛光山開山星雲大師告訴佛光人要擴大慶祝佛誕節，將浴佛的精神推廣到社會各個階層，藉此慶祝活動感謝佛陀來到人間，帶給世人光明與希望。

大師為了讓社會大眾更了解佛誕節的意義，積極推動國定佛誕節的設立。一九九九年，在大師努力奔走下，經立法院通過，將農曆四月八日訂為國定假日，並與母親節同步放假；這不只為佛教發展史寫下歷史新頁，也成為佛教東傳兩千多年以來首度訂定的國定佛誕節，意義深遠。

太子降生像。

小朋友「很努力」地浴佛。

為了慶祝這個意義非凡的日子，二〇〇〇年國際佛光會在總統府前的凱達格蘭大道舉辦「國定佛誕節暨母親節慶祝大會」。當天有十萬人參加，總統馬英九先生親臨現場致辭，此舉可以說再度為佛教的歷史，寫下一個新的里程碑。

每年佛誕節，佛教徒除了到寺廟浴佛，佛光人也在各地舉行「雲水浴佛」，讓非佛教徒也可以同霑法喜與佛結緣，進而信佛、學佛、行佛，也就是做好事、說好話、存好心，共同來淨化世道人心，讓大家可以過著幸福與安樂的生活。

依往例普門中學師生在佛誕節這一天，都會到佛光山浴佛，二〇二二年因Omicron變異病毒株大爆發，為了減少感染，校方特別在學校舉行慶祝活動。同學以班為單位，在教室看《佛陀的一生》影片，並在蔡國權校長的帶領下一起恭讀星雲大師〈佛誕節祈願文〉。接著透過手機螢幕一面聆聽〈浴佛偈〉（註1），一面以手指操作浴佛勺，完成「雲端浴佛」（註2）的莊嚴儀式。隨後填寫學習單，讓同學除了了解浴佛的意義，同時將此浴佛功德回向給雙親，也祝願疫情早日平息，大眾身體健康平安順利。

註1：浴佛偈：「我今灌沐諸如來，淨智莊嚴功德海；五濁眾生離塵垢，同證如來淨法身。」

註2：佛光山與網龍網路公司合作推出「雲端浴佛」，自上線後即獲得廣大關注。雲端浴佛網址：http://online.fgs.org.tw/

山普门中学

普門中學回佛光山舉辦「祈福、報恩」浴佛心靈淨化活動。

17 秋月禪心

中秋佳節各界人士紛紛送禮以表心意，好不熱鬧。其實中秋節除了吃月餅、文旦，或是與家人、朋友、同事外出燒烤聯誼外，其所蘊含的無形佛法，更值得我們重視。

佛光山佛陀紀念館自從開光落成後，有幾次中秋節活動，都在佛館舉辦。記得二〇一四年九月八日正逢中秋佳節，本山於佛館菩提廣場舉行「秋月禪心．中秋賞月」，活動中途星雲大師突然現身，他簡短開示：「古人說：『舉頭望明月，低頭思故鄉』，故鄉在哪裡？故鄉在淨土、在佛國，真正的故鄉在心裡。」大師開示完後翩然離開，猶如古代禪師留下話頭，讓弟子們參究。大師這句話的玄機是什麼？依我個人淺見，應該和大師曾提過五個形容月亮是「圓的、明的、美的、淨的、常的」有關吧！現說明如下：

中秋佳節，星雲大師於佛陀紀念館菩提廣場。

一、月亮是圓滿的

弘一大師在臨終前寫了一首偈語予夏丏尊：「君子之交，其淡如水。執象而求，咫尺千里。問余何適，廓爾忘言。華枝春滿，天心月圓。」此偈語如何解釋呢？

「我這一生和人交往，如同君子一般，恬淡如水。我也體會一件事，如果你只是粗淺認識萬物的表象，就以為全盤認識了，實際上和事實是相差甚遠。若問我將來要到哪裡去？未來之路無限遼闊，我也說不出來。但我想我的去處，應該是在春暖花開，皓月當空，寧靜莊嚴的氛圍下，此情此景就是我的歸宿啊！」從此偈可以看出弘一大師看破生死，解脫自在的心境，是多麼令人感動的臨終感言啊！

我們凡夫俗子不容易達到弘一大師這種境界，因為我們的人生處處充滿荊棘、誘惑、無奈，光憑自己的努力很不容易突破這個煩惱桎梏，那我們又如何突破這個不圓滿的人生呢？

靠近紐約皇后區的拉瓜迪亞機場（LaGuardia Airport），離佛光山紐約道場很近。拉瓜迪亞是前紐約市長菲奧雷洛．亨利．拉瓜迪亞（Fiorello Henry La Guardia）的名字，為什麼美國政府會以這位市長的名字蓋這座機場呢？因為他成功領導紐約市從經濟大蕭條中復甦，同時還被認為是一位對貧困民眾有深度同情心的政治人物。

一九三五年，美國仍受經濟大蕭條的影響，所有的股票全部沒有價值，經濟一落千丈，甚至好多喪失意志的人自殺。有一天，法院正在審判一位老太太，因為她偷了人家的麵包。在法庭上，她也承認自己犯罪的事實。為何她會偷竊？因為她家徒四壁，且要照顧被父母遺棄的三個小孫子，他們實在太餓了。法官依法宣判她要繳交十塊錢美金，如果沒辦法繳交，要關十天。老太太一臉憂戚地說：「我如果有錢，就不會偷東西了，我願意被關，但三個小孫子怎麼辦？」

正僵持不下時，旁聽席中有一個人正義凜然地說：「十塊錢我幫她繳交。」這個人正是當時紐約市市長拉瓜迪亞先生。市長接著嚴肅地說：「我們在場的大眾應該感到慚愧，因為我們竟然讓一個老太太獨力扶養三個小孩，而且沒有飯吃。所以我要懲罰我自己，她的十塊錢由我來付。但是在座的每一個人，也應該為自己的冷漠付出代價。」市長要求在場的每一個人，包括法官，都要繳交五十美分的罰款。市長將這些錢收集下來，除了幫這位老太太繳了罰金，餘款還全部送給老太太，讓這場官司圓滿結束。

佛經上說我們這個世界叫娑婆世界，它雖然有缺憾且不完美，但是靠著我們的慈悲、智慧、互助、友愛，也就是人人行三好，這個世界會變得愈來愈好，愈來愈圓滿。

二、月亮是明亮的

星雲大師在《佛教叢書．佛陀》講過這麼一個故事，有一個年輕人去請示佛陀：「我要如何區別一個人的好壞、善惡？」佛陀指著月亮說：「一個人的心地光明皎潔如月亮的時候，他就是好人。」年輕人點頭表示了解，接著又請示佛陀：「那麼壞人又如何辨別？我如何知道他心思是否不正？」這時正巧飄來一朵烏雲，佛陀又說：「就好像這一朵烏雲遮住月亮。」年輕人聽不懂，佛陀繼續講說：「當一個人眼神飄忽不定，言行舉止不一，這個人就是心術不正，就像烏雲遮蔽了月亮，我們馬上可以知道的呀！」

這個故事就是告訴我們，黑暗時需要光明來照亮，人有了無明煩惱需要用智慧去化導；月亮的光明皎潔，引領我們走出黑暗、走出煩惱。

記得我在仁武當兵時，一日被師部派去烏林里輔導里民，本來有一位當地警察要帶我前往，不知何故這位警察突然說要去參加柔道比賽，無法帶我過去。這下子尷尬了，因為我根本不知道開會的地點，也沒有現在的 GPS 定位，於是我請教了員警如何前往，就這樣一個人騎著腳踏車前往未知的領域。

騎了一陣子，好不容易在微弱的路燈下看到指示牌，卻發現往右是墳場（可知烏林里是多麼偏僻），於是我趕緊左轉。左轉以後，馬路還算寬闊，路燈也還算明亮，但愈往裡面走，路面愈來愈窄，有些路段還沒有路燈，月光也很黯淡，加上四周種植了許多竹叢，沙沙的聲音，總感覺背後有人跟著我，心中有些毛毛的。

過了一會兒，看到前面小山坡上有淡淡的紅光，內心竊喜可能快到了，我騎上了坡頂，看到一座小廟。咦！奇怪怎麼沒有人，進入廟裡一看，不得了，裡面放了一具棺材，這裡哪是開會地點，我的天啊！我連忙以最快的速度衝了出來，牽了腳踏車趕快下山；正在此時，發現腳踏車鍊條脫落，好不容易到了山腳下，準備修車，此時不知道從哪裡跑出兩隻狗狂吠追逐，我顧不得修車，牽著破車趕快離開。經過一連串驚心動魄的過程，才想起怎麼會忘了念佛呢？真是慚愧，就這樣一路念佛到達開會的地點。

可能是開完會，任務完成了，加上剛才心驚膽戰的部分也都經歷了，知道這一切都是虛幻不實，都是自己嚇自己；此時月亮出來了，鄉間的小徑也清楚多了，一路上輕聲念著佛號，騎著腳踏車安然回到營區。的確，黑暗的時候需要光明，內心惶恐不安的時候，需要智慧的引導。

三、月亮是美麗的

《佛光菜根譚》：「美麗，人人歡喜；醜陋，人人討厭。」但是有些人，外表光鮮亮麗，內心卻醜陋不堪。有些人雖然看起來其貌不揚、穿著寒酸，但內心是純潔、善良。所以我們要學習認識、發覺自己和他人的「心靈之美」，「心靈之美」長得是什麼模樣呢？

《人間音緣》專輯有一首名叫〈拉達克的花香〉的歌，這首歌的背後有一段感人肺腑的故事：一九九四年，星雲大師到印度拉達克弘法，當弘法的行程圓滿，車子緩緩要離開的時候，大師從後照鏡看到一位小女生，手上拿著一朵花，追著他們的車奔跑過來。大師隨即叫司機停車，此時這位小女孩恭恭敬敬將手上的小黃花遞給大師，大師也將手上的念珠送給她。

行程結束，回到旅館，大師叫侍者將花插在花瓶裡。為何大師這麼珍惜這一朵小黃花？要知道拉達克位處高山峻嶺，一年之中至少有一半時間，都是大雪紛飛的季節，資源條件欠缺，生活貧困；這個小女孩能夠找到這一朵小黃花，已經非常難得，還將如此珍貴的禮物，供養大師，可見她的心就如同貧女一燈的難陀，是那麼高貴聖潔，這不就是最美的心靈嗎？

四、月亮是清淨的

一個人有美麗的外表，這是個人的福報，但更重要的是要有一顆美麗的心靈。同樣的，外表的骯髒，不是真的汙穢不堪，內心的醜陋才是真的骯髒，所以我們要追求內心的清淨。

在舍衛國有一位從事清潔工作的婦人，她每天都很認真地打掃街道，給大家一個潔淨的環境，但她的努力沒有受到廣大市民的感謝，反而嫌棄她骯髒、惡臭。這樣的不公平待遇，佛陀知道了。有一天，因緣成熟，佛陀為婦人說法，並鼓勵她要精進修持。此事被城裡的人知道了，乃前往責問佛陀：「佛陀您常告訴我們要說清淨的語言，但您卻和骯髒的婦人說話，如此是否會貶損您高貴的身分？」

此時佛陀莊嚴地說道：「她一點都不髒，她每天為我們整理市容，讓我們有個乾淨清潔的環境，你們不但沒有感謝她，還嫌棄她，你們這些驕傲無理的人，才是真正的汙穢不堪啊！她外表的骯髒容易洗乾淨，但你們內心的汙穢卻很難清淨啊！」城裡的人，被佛陀訓斥後，終於知道錯了，再也不敢譏笑清潔婦了。從這裡可以了解，佛陀說的清淨是指內心的清淨。

「吳剛伐桂」的故事大家耳熟能詳，其實我們凡夫就好像吳剛，那一棵不停成長的桂樹代表我們的習氣。修行路上只要我們懈怠懶惰，就好像吳剛一停下來休息，月桂樹立刻回復原狀，且不停地成長。我們的習氣剛強難化，且不斷地滋長，所以我們要「時時勤拂拭，莫使惹塵埃」，如此我們心中的月亮才會清淨。

五、月亮是常住的

星雲大師曾講過一則禪門公案，他說，有一天良寬禪師外出回到自己的寺廟，發現前面有一個黑影在晃動，靠近一看原來是個小偷，小偷看見良寬禪師回來，不但沒有慌張逃跑，反而不屑地說：「你怎麼那麼窮，窮到我找不到一樣值錢的東西可以偷。」

此時良寬禪師不但不生氣，還很客氣地說：「我實在很慚愧，竟然沒有東西可以讓你偷，你既然來了，我也不能讓你空手而回，喏！這一件長衫你拿去吧！」想不到小偷真的把長衫拿走。良寬禪師看著小偷的背影，又抬頭望著天上的月亮，慨嘆地說：「真可惜啊！這麼美的月亮你竟然沒有偷走。」

古德曾說：「佛在靈山莫遠求，靈山就在汝心頭；人人有個靈山塔，好向靈山塔下修。」這個偷不去的月亮代表什麼？就是我們的佛心、佛性啊！再名貴值錢的東西，終有一天會損壞用盡、物換星移，但我們的佛心佛性永遠是常住不變的。

如果我們好好揣摩、認識、了解這五個譬喻，並將它運用在生活上，必定能找到心靈故鄉。

18 〈向藥師如來祈願文〉讀後感

每年農曆九月底是藥師佛聖誕，全世界佛光山的道場都會舉辦藥師法會，且都會誦念星雲大師的〈向藥師如來祈願文〉，有一次在誦念祈願文的時候感觸特別深，茲將自己的一點心得和大家分享：

大師這一篇祈願文，可以分成兩個重點。一、世間苦難太多。二、如何離苦得樂？

我們一般常聽到的苦有三苦、八苦，但為了配合星雲大師所寫的祈願文，此處將苦難分成外在的苦難和自我的苦難。外在的苦難如：「燒殺擄掠的侵犯，貪官汙吏的迫害，政治經濟的動盪，地水火風的災變……」。自我的苦難，大師說：「那四大不調，纏綿病榻的痛苦，即使英雄好漢也呻吟難安；那貪瞋愚痴，煩惱叢生的業海，有如波濤洶湧地翻滾不停。」當然苦難不只這些，大師只是略說，但光是這些已經讓我們難以承受了。

接著大師繼續探討，如何離苦得樂？

一、求佛加被，脫離苦難

祈願文提到：「我今天虔誠地稱念您的名號，禮敬您的聖容，不只是祈求您能加被我個人，更希望眾生都得到您的庇護，安居樂業，歡喜融和。」從這一段祈願文可以看出，我們個人力量有限，心性怯弱，當碰到難關的時候，總是期望諸佛菩薩放光加持，讓我們早日脫離苦海。

的確也是，記得一九八六年一月我尚在佛光山中國佛教研究院男眾部就讀，有一天接到家人的訊息說，家兄因為腦部瘀血無法言語，整個人神情呆滯，住進醫院治療。為了不讓母親及姊姊太過勞累，我向常住請假前往醫院探視及照顧。到了醫院方知家兄一年前摔倒，雖沒有腦震盪，事後也沒有不適的情況，且正常生活上班，但沒有注意到家兄是洗腎的患者，每次洗腎要使用抗凝血劑，以致腦部微血管無法完全癒合，造成不斷地滲漏，一開始完全沒有感覺，但一年後，淤積在腦部的血塊，壓迫到語言中樞。本來要開刀取出，但醫生說洗腎患者頭蓋骨比較鬆脆，擔心會有風險，所以只能吃藥試看看是否可將瘀血排出。

聽過醫生的分析，我心中也稍微有了答案，如果醫療方面真的愛莫能助，只能祈求諸佛菩薩加持。因而在看護期間，我專心念誦〈藥師灌頂真言〉，同時找到一台隨身聽（Walkman），播放觀音菩薩聖號，希望諸佛菩薩都能夠來加持。

人有誠心，佛有感應，到了第四天早上，我看到家兄坐在床頭，瞪大眼睛看著我，我著實嚇了一跳，家兄今天怎麼突然坐了起來，此時我調整了心情，故意說：「大哥您有什麼話要說嗎？」想不到家兄竟然回答：「南無觀世音菩薩！」當下這一剎那讓人熱淚盈眶啊！過了兩天，家兄辦理出院，醫生也非常驚訝，家兄竟然好了，且可以出院。的確有很多現象是現今的醫學難以解釋，只能說是慈悲偉大的藥師如來放光加被吧！尤其藥師佛十二大願中的第七大願「身心康樂願」，家兄可以好轉，應該是藥師佛慈悲威神力啊！

二、請佛襄助，克服難關

大師在祈願文提到，在這個五濁惡世裡，天災人禍是共業所感召，身心疾苦是煩惱所造成。所以要祈請藥師如來賜給我們勇氣面對這些難關，克服這些煩惱；同時我們還要將自己所修的善根功德，回向給法界一切眾生，讓大家都能生活自在，事事如意。所以大師說：「如果要徹底消除災難，先得消除自己的罪業；如果要建立琉璃淨土，先得淨化自己的身心。」

也就是說，我們除了請求藥師如來護佑我們脫離苦海，當我們面對外在的苦難及自我的苦難時，要祈求藥師如來賜給我們毅力勇氣面對難關、賜給我們慈悲智慧化解難關，我們能夠自立自強又身心健全，才有辦法建立琉璃淨土，讓眾生過著幸福快樂的日子。

三、向佛看齊，護佑眾生

就以近三年來新冠肺炎（COVID-19）的肆虐來說吧！截至二〇二二年十月中左右，已有六億二千多萬人確診，且有六百五千多萬人往生；台灣也有七百四十多萬人確診，一萬二千多人往生。如何減少確診及死亡率？相信是全世界的科學家共同關心的議題，因而發明疫苗變成人類的希望。就以AZ疫苗為例，闡明科學家的無私無我、犧牲奉獻及堅持到底的菩薩精神，是讓人動容的。

二〇二一年六月底，英國「溫布頓網球錦標賽」開賽時，播報員特別介紹AZ疫苗研發者之一的牛津大學莎拉・吉爾伯特教授（Prof Sarah Gilbert），同時說明自從新冠肺炎爆發以來，此錦標賽已經七百一十五天沒有打球了，如果沒有吉爾伯特教授所帶領團隊的犧牲奉獻，至今還不能打球。

吉爾伯特教授不只擁有精湛的專業知識，更讓人感動的是她擁有一顆「無私無我」的慈悲心，當她們的團隊研發出AZ疫苗時，到底哪一家生技公司可以合作生產疫苗呢？她們的條件很簡單，只要不以營利為目的，且生產出的疫苗，能夠確保低收入國家可以買得起，最後由阿斯特捷利康（AstraZeneca）雀屏中選。其合約內容的重點是，前三十億劑疫苗，牛津大學不收取任何權利金，但之後生產的疫苗，牛津大學可取得百分之六權利金，這些錢，將用於投資醫學研究。所以AZ疫苗為何價錢約在二至五美元之間，比其他疫苗便宜了兩三倍以上的原因在此。

AZ疫苗在研發的過程中，為了加速疫苗的開發，以便幫助正在受苦受難的眾生，她們經常凌晨四點就上工，直到深夜才下班返家。有時碰到瓶頸，團隊也會沮喪而狂掉淚，疲憊而大動肝火；有時信心滿滿、有時壓力重重。因而失眠、體重增加。所以在一次的採訪中，吉爾伯特教授意味深長地說：「職業自我和私人自我之間的那道牆，正在坍塌。」接下來，她只希望，能和家人一起去度個美好的假。同時她也表示，在研發的過程中，沒有所謂的重大突破，今天的成功，都是由許許多多辛勤耕耘的「小時刻」（small moments）堆砌而成。對於有人質疑她們是「大製藥商」，她們則自認只是必須面臨養家活口壓力的平凡人。

《華嚴經》有云：「但願眾生得離苦，不為自己求安樂。」吉爾伯特教授及其團隊做到了，而藥師佛的「身心康樂願」、「解脫憂苦願」、「開曉事業願」及「無盡資生願」，她們也做到了，這就是「向佛看齊，護佑眾生」的含意。「求藥師，拜藥師，不如自己做一個藥師佛」，讓我們一起發願做個藥師佛。

藥師佛行化圖。

慈悲心

叁

悲心救苦

1 悲智雙運 荔枝飄香

早年星雲大師會在下午的時候，帶領著法師、同學到佛光山東山打籃球，打完球，大家圍坐在球場聆聽大師開示，非常溫馨。到了五、六月荔枝成熟了，打完球，大師會讓大家去採摘荔枝。所以當時，在佛光山有這麼一句話：「打完大球打小球。」大球指的就是籃球，小球就是荔枝。所以三四十年前，佛光山的法師已和荔枝結下深厚的因緣。

其實佛光山法師打小球，不是自己享用，是要贈送給功德主、信徒，感謝他們多年的護持，但佛光山的荔枝產量有限，所以大師指示我們向當地的果農購買大樹最有名的玉荷包荔枝，一則和功德主、信徒結緣，二來幫忙果農銷售。

「高雄大樹國際水果節」的緣起

二〇一二年四月的某一天，大師把我們都監院書記叫了過去，正色地告訴我們，這十幾年來，每當荔枝上市後，我們總是向當地的果農購買荔枝送給功德主、信徒，但你們聽說過嗎？山下的果農賣完荔枝後，還要向他人借錢來供給孩子上學。聽大師這麼說，我們都嚇了一跳，我們平日都有和山下村民往來互動，且向他們購買荔枝，這麼重要的訊息我們竟然都沒有去關心，真是慚愧！

大師接著說：「農民會種荔枝，但不會賣荔枝，利潤被中盤商拿走，導致血本無歸，所以今年我們來幫忙賣荔枝，讓農民能夠賣個好價錢，不用擔憂經濟匱乏，無法養家活口。慧傳！你負責帶領都監院同仁完成此項任務。」

當時我們毫不猶豫地接下這個指示，但回到都監院細想發現問題嚴重了，佛光山不是「非佛不作」嗎？如今卻賣起荔枝，外界如果知道會如何解讀，我們要如何應對？再者，荔枝要怎麼賣？賣給誰？越想越害怕，大家一籌莫展，不知道該怎麼辦？

大師指導辦理水果節

大師應該知道我們的困境，過了幾天，又再次召集我們去講話，除了了解籌辦的進度，同時也告訴我們：「採購荔枝的時候不要和農民討價還價，甚至每斤多給五塊錢都可以。」聽大師這麼說，我們不禁納悶，這是從來沒有聽過的買賣方式。

接下來，我們向大師報告會如何搭設帳篷、協助促銷。大師聽後不是很滿意，他說：「要將三乘三的帳篷分成三等份；前面一公尺當走道，給行人走路，中間一公尺讓農民賣荔枝及其他農產品，後面一公尺作為倉庫。」

正當我們疑惑為何要如此大費周章，大師隨即又說：「南部五、六月是梅雨季，天氣陰晴不定，所以前面一公尺的走道很重要，既可遮陽、又可避雨；

中間的買賣區域，要保持乾淨清爽，不必要的東西不要放在這裡，應該放在後面的倉庫區；如果要存放貨品，或吃便當、休息都在第三區塊，另外，隔板的牆面要美化，如此方能刺激大眾購買的欲望。」天啊！大師竟如此善解人意！如此設想周到！

當我們以為大師已交代完畢，沒想到他又說：「記得走道區要裝設噴霧系統，每十五秒噴一次，清涼的霧氣，可以去除悶熱的酷暑，讓人們感受到舒適法喜。」接著他又告訴我們：「要搭蓋可以容納四百人的休息區，還要搭建大舞台，邀請知名的團體前來表演，如此方能吸引遊客留下來買農民的產品。」

聽到這裡，我們完全折服了。大師剛才所說的，沒有一點是考慮到佛光山會得到什麼利益，而是要怎樣奉獻犧牲，且要盡心盡力，不得絲毫馬虎，更重要的是這些攤位完全免費提供給興田、統嶺的農民及「莫拉克風災」受難的鄉親來使用。一個人如果不是真心想幫助他人，是不會想出這麼多好辦法的。什麼是慈悲？這就是慈悲；什麼是菩薩？這就是菩薩。大師舉辦「高雄大樹國際水果節」，真的做到了「無緣大慈，同體大悲」啊！這不就是「非佛不作」嗎？

中盤商的作梗

正當國際水果節如火如荼地進行時，我們突然收到一則從「行口」發來的訊息，內容是說，如果我們以高價向農民購買荔枝，就要對我們不客氣。因為不知道訊息真偽，為了採買人員的安全著想，乃請在家眾前去了解，私下請果農將荔枝送到佛光山來，避免和中盤商正面衝突。為何幫助山下的農民還會受到這樣的威脅呢？

因為荔枝要哪一天開市，鄉公所會選一個黃道吉日舉行，如果當天沒有賣出好價錢，接下來農民要抬高價錢就不容易了，但中盤商可不是這麼想，他們希望能多賺一些，因而會壓低價錢。如此一來，農民覺得不划算，當然不肯賣，但中盤商好像很有默契，也不急著出手。

到了中午，中盤商又再次問農民要不要低價賣出，農民如果不肯，他們也不買，因為他們清楚知道，到了傍晚農民一定會以低價賣給他們，因為荔枝不能放得太久，否則第二天皮會變硬，顏色也漸漸暗沉，賣相不佳。且農民第二天一大早還要去採收，他們不可能將荔枝再載回去，只能忍痛賣出。

聽說還有一些惡劣的中盤商會高傲地告訴農民：「等我賣出去以後，才來跟你們結算。」假使碰到說話不算數的中盤商，農民真的是欲哭無淚，且血本無歸，只好去借錢供給兒女們上學。難怪大師告訴我們不要和農民喊價，甚至多一些錢給他們都沒有關係，同時要以高規格的模式為他們促銷，至此，我們終於了解了。

解決荔枝的大量產出

又當各地的荔枝大量出產時，一個嚴重的問題又浮現了，那就是「果賤傷農」。這時該買的、該送的我們都買了、送了，尤其看到一些年老的果農，種植出來的荔枝品質較差，賣相不佳，在行口一整天無人問津，真是可憐，此時怎麼辦呢？

大師又指導我們一個好方法，就是隨著「雲水書坊——行動圖書館」將荔枝送到偏鄉給弱勢族群。想不到這個善意發想，竟然受到企業界、功德主的支持，紛紛響應。而當偏鄉小朋友吃到這皮薄汁多籽小香甜可口的荔枝，感動萬分，因為荔枝很貴，他們的家長根本無力購買。

穩定市場價格

由於水果節辦得太成功了，高雄市農業局的官員特別前來道謝，我們也向長官報告協助販賣的成績：以高二十公分、重五斤裝的盒子來計算，我們約賣了三十萬盒，也就是賣了約一百五十萬斤的荔枝，若堆疊起來超過一百座101大樓的高度，但長官卻說，賣得再多也不見得可以真正幫助農民，他說佛光山真正了不起的地方，是做了一件連政府都不見得做得到的事情，那就是「穩定市場價格」，也就是什麼時候該賣多少價錢，才算合理，這是有一定的市場機制，太高太低都會破壞市場機制，只要市場價格穩定，農民這一年的辛苦就有代價了。

慧傳法師巡視國際水果節攤位，豎起大拇指說玉荷包、鳳梨品質讚。

好一個穩定市場價格。的確當我們大學採購荔枝，大力為果農促銷，雖然常住大眾很辛苦，甚至於被中盤商威脅，但帶來的甜美結果是，中盤商主動告訴果農：「你們家的荔枝園我全部包下來，明年不可以賣給佛光山。」因為他們也擔心買不到荔枝，無法向水果行交代。當中盤商主動去找農民談判，相信好的價格就會出現，農民的生計當然就有著落。因為有佛光山做後盾，農民知道不會受到欺負，此時我們就是一個施無畏的觀音菩薩。我們做到了大師所說的「給人信心、給人歡喜、給人希望、給人方便」。

大師的一個慈悲心念和善舉，僧信四眾全心全力的配合，想不到竟然帶來這麼偉大的力量和美好的善果。三好是做出來的，不是講出來的，三好如同一台發電機，讓人間處處充滿了溫暖、充滿了歡樂；三好也如同一塊磁鐵，將善心人士一一吸引到佛光山這一塊福田寶地！「高雄大樹國際水果節」就是人間佛教，因為它符合了「佛說的、人要的、淨化的、善美的」。

2 一粒溫馨感人的包子

今天是農曆十一月十七日（國曆十二月二十日），乃阿彌陀佛聖誕，早上過堂的時候每個人的桌上都有一粒包子，不只佛光山大眾有，海內外每一位徒眾都會吃到，因為這是星雲大師對徒弟的關懷和祝福。

記得二〇一六年十二月十六日彌陀聖誕這一天，大眾早課後從大雄寶殿魚貫走出，準備前往雲居樓過堂。當走到選佛場，看到一道熟悉的身影，是星雲大師在看板處的中央，大眾又驚又喜。進入齋堂，發現每一個人的桌上都有一粒包子，原來這是星雲大師犒賞大眾的大包子。

二〇一六年十一月初，星雲大師身體微恙開刀，休養期間沒有在公開場合出現。十二月十六日那一天，他不但神采奕奕地坐在輪椅上看著大家進入齋堂，且說出復原後的第一句話：「要給大家吃包子，讓大家吃得飽。」此情此景怎能不讓人感動涕零呢！

二〇一八年一月三日的彌陀聖誕，星雲大師又慈示請徒眾們吃包子。第三次是二〇一九年十二月三十一日，星雲大師囑咐要請每個人吃蘋果，包含了海內外徒眾、事業單位職事、佛光小姐及佛光山每個教育體系的教職員生。第四次是在二〇二一年元旦這一天，星雲大師慈悲，慰勉全山大眾一年的辛勞，特別囑咐常住在早齋準備包子與眾結緣，點滴慈恩讓全球道場徒眾感動不已。第五次就是二〇二一年阿彌陀佛聖誕。

一粒包子、一顆蘋果具足了星雲大師的慈悲關懷、心繫大眾。為何星雲大師會有這樣的慈心悲願呢？是源自於大師與生俱來的待人好、與人為善的性格。相信大家都聽過大師童年曾將缺嘴的小雞，慢慢扶養長大，最後變成一隻可以下蛋

星雲大師說：「要給大家吃包子，讓大家吃得飽。」

的母雞；家中有糖果隨即搬出去和小朋友分享；聽到大人講述山林裡住著一位孤苦無依的老公公，沒有人照顧，信以為真，硬是要求大人送飯食給老公公吃。這些事蹟都足以說明大師的慈心悲願是與生俱來的。

因而當我們吃下這一粒包子、一顆蘋果，要想到早年大師罹患瘧疾，師公捎人送來一碗鹹菜，可以配稀飯吃，令大師感動不已，當下發願：「盡形壽，我要以身心奉獻佛教，以此報答師父的恩惠。」同樣的，我們也要用功辦道，發心度眾，弘揚人間佛教，讓大家過著幸福快樂的日子，報答星雲大師的厚德！

3 洗佛的意義

每年的臘八過後就是佛光山的洗佛日，各地護法信徒特地從四面八方趕來洗佛。現將洗佛的意義說明如下：

一、洗佛是傳統文化的延續

依據民間習俗，農曆十二月二十四日為「筅黗」（台語稱為「清囥」）、「送神」之日。送神即為「送灶神」。灶神是玉皇大帝派到人間監督各家各戶的一言一行，這天會返回天庭，跟玉皇大帝述職，稟報人間善惡。玉皇大帝根據灶神的匯報，賜於此家人吉凶好壞。因而這一天家家戶戶都會備辦又黏又甜的食品祭拜灶神，希望祂嘴巴甜一點，能在玉帝面前說好話，來年得到玉皇大帝更多的賜福，讓我們好運一整年。

不但民間有此習俗，早年傳統叢林也有這個習俗，《百丈叢林清規證義記》卷第二載寺院祭灶云：「六月廿四、十二月廿四（或廿三并），八月初三誕辰，客堂早粥前掛牌：今日恭逢祭灶良辰。開午梆，聞鼓聲，大眾師詣監齋聖前上供。」目的在感謝「監齋菩薩」圓滿寺院的齋飯粥食之事，讓僧眾增長力氣用功辦道，弘法度眾。

二、洗佛有除舊布新的意義

「筅」（ㄒㄧㄢˇ）是竹製的清潔器具，「黗」（ㄊㄨㄣ）指灰塵汙垢。民間認為神位或祖先牌位平日不能隨便移動，要等到神明返回天庭述職，才能進行清潔。「筅黗」還含藏著將一切霉運、晦氣統統掃出門，用潔淨的家宅、歡喜的心

藉由洗佛，將菩提種子種在小朋友心中。

情迎接春節的到來，也在初四迎請灶神的歸來。所以台諺說：「大拚厝，才會大富貴。」

一般在清囤後，家家戶戶都會將舊的春聯撕掉，表示破除不好的運勢，貼上新的春聯、福字，寓意招財進寶、迎福納祥。

佛光山在圓燈法會後舉辦洗佛，除了將寺院裡外整理乾淨，也希望僧信四眾在清潔的過程中，不只清除外在的灰塵，也能洗除內心的貪瞋痴煩惱，讓本具的光明自性早日顯現出來，如此才是真正的將心中霉運晦氣去除。所以神

透過洗佛，喚醒自己心中的佛。

秀大師會說：「時時勤拂拭，莫使惹塵埃。」如此才是真正除舊布新的意涵。

三、洗佛是禮敬諸佛的修持

《論語・八佾》曾說過「敬神如神在」，而我們是「敬佛如佛在」。平日我們都是恭敬禮拜諸佛菩薩，藉著誦經拜佛折伏我慢，和佛接心；但當我們要清洗佛像時，卻把佛當作泥塑之像看待，這是不如法的，也代表我們心中沒有佛。

因而在洗佛之前僧信四眾要虔誠誦經祝禱，向諸佛菩薩稟告，等一下會有擦擦洗洗等逾越的行為，請佛菩薩包涵見諒，同時希望在洗淨佛陀的金身時，也去除我們的煩惱汙垢，讓我們張開清淨的慧眼，和佛陀接心，這才是真正的「禮敬諸佛」啊！

四、洗佛實踐三好

前文提到送神日這一天民間會備辦又黏又甜的食品祭拜，期望灶神在玉皇大帝面前美言。但從佛法角度來說，當我們從洗佛得到法喜充滿、從洗佛得到功德利益，接下來應該要去實踐做好事、說好話、存好心的菩薩行，如此自他兩利，才能夠得到別人的愛敬，福澤眾生。因而星雲大師特別告訴我們平日如何修持，那就是能夠將〈十修歌〉（註1）時時刻刻運用在生活中，那麼一定可以「佛國淨土樂逍遙」。

註1：

十修歌

一修人我不計較，二修彼此不比較，
三修處事有禮貌，四修見人要微笑，
五修吃虧不要緊，六修待人要厚道，
七修心內無煩惱，八修口中多說好，
九修所交皆君子，十修大家成佛道。
若是人人能十修，佛國淨土樂逍遙。

——選自《佛光菜根譚》

4 佛光山信徒香會

信徒香會是佛教寺院每年的重要活動之一，所有信徒都會回道場祈福。佛光山遵循傳統，選擇在星雲大師出家的農曆二月初一這一天舉辦信徒香會，透過信徒香會，期望來自海內外的所有信眾齊聚一堂，與大師印心；在文化、教育、慈善、共修上都能了解「佛光山做了些什麼」，凝聚佛光人共同的信仰——人間佛教，讓人間佛教的光明普耀世間，吉祥平安、歡喜滿人間。

早年佛光山信徒香會，常住會舉辦師徒接心、弘法報告、朝山禮佛、殿堂巡禮、延生普佛、灑甘露、賜香板，有時也會舉辦剃度典禮、皈依典禮、功德主會議、梵唄聖歌比賽、佛光菩薩表揚會、地宮珍寶入宮暨百萬心經入法身法會等多元豐富的活動。由於參與的信徒眾多，還會舉辦園遊會，全山到處設攤，好不熱鬧。有時也會分成北區、南區兩個梯次共三天舉行。當信徒要回去的時候，大師會帶領著全山徒眾，從頭山門起一字排開歡送信徒下山，體現出「來時歡迎，去時相送」的道情法愛。

二〇二〇年，因為新冠肺炎肆虐全球，大師在第一時間寫了〈為新冠肺炎疫情向觀世音菩薩祈願文〉，佛光山和佛光會立即發起誦持《般若心經》與祈願文的回向活動；想不到短短三個星期左右，全球佛光人以十種語言，共同誦持了逾二千五百萬部的《般若心經》響應，並於二月二十三日（農曆二月一日）在佛光山大雄寶殿舉辦總回向法會，彰顯星雲大師慈悲濟世的精神。

二〇二一年 COVID-19 的餘威仍在，佛光會特別在信徒香會這一天舉辦「禪淨共修獻燈祈福法會」，祝禱疫情早日遠離、大眾平安健康、社會祥和安樂、國泰民安、世界和平。二〇二二年疫情仍未平息，常住乃決定信徒香會這一天早上

一九九〇年佛光山信徒香會，老奶奶對二萬多人說話。

舉辦「金剛經修持法會」，下午舉行「地宮珍寶入宮暨百萬心經入法身法會」，並透過直播的模式，讓全世界的佛光人共同慶祝這個重要的時刻，安定大眾的心靈。

在歷屆的信徒香會中，有兩件事情至今讓我記憶猶新。

一九九〇年，我在普門中學服務（代理校長），那年信徒香會在普中活動中心舉行，活動開始，大師帶著母親（我們尊稱為老奶奶）蒞臨現場，一下子會場響起熱烈掌聲，隨後老奶奶上台講話，一開口掌聲熱烈不絕於耳。老奶奶說：「我要我的兒子好好接引大家，讓每一個人都能成佛……我沒有什麼東西可以給你們，我只有把我的兒子送給你們……。」聽到如此偉大的宣言，在場所有的大眾感動不已，發出如雷的掌聲。大師事後說道：「母親有著『大我』的情義，我當然更是認定自己終生為教、為眾的使命了。」（註1）

另一件事情也是在一九九〇年，大師向護法信徒宣布，將來要成立佛光人總會、籌建澳洲南天寺、美國西來大學全力招生、籌創佛光大學、舉辦禪淨密三修法會及萬人皈依灌頂法會，同時將農曆二月一日，訂為「信徒香會」。當時才出家兩年的我，聽到大師這些偉大的理想，覺得不可思議，心中忖度：一般人能夠完成其中一項就很了不起了，更何況要在短短幾年落實這些偉業，真的太不可能了。想不到幾十年之後，這些願景不但一一落實，且接下來的每一次信徒香會大師都會提出許多理想，如籌設「人間衛視」、出版《人間福報》、創建南華大學、南天大學、光明大學等，也都一一付諸實現。

從以上，我們不得不佩服大師的決心、毅力、智慧、慈悲、心胸、遠見，難怪信徒喜歡參加信徒香會，聆聽大師的開示，明了學佛的目的，以及人間佛教的實踐要領，大家知道跟著大師的腳步前進，一起做好事、說好話、存好心，一定可以為人間建立一個善美和樂的家園。

註1：《星雲大師全集．佛光山新春告白》〈一九九一年新春告白〉。

5 八十八高齡老嫗的願望

前一陣子，有一位老婆婆來佛光山萬壽園掃墓，她搭乘哈佛快線，手上不但提著大包小包的供品，身上還背著一個小嬰兒。這時剛好有位信徒也要來掃墓，她遇見老婆婆，主動表示要幫她提拿手中的物品，但老婆婆謝絕她的好意，信徒再次表示願意幫忙，她還是謝絕。

沒走幾步路，老婆婆卻舉起袋子給那位信徒看，並說：「妳看，我今天煮的這些食物香不香？」老婆婆婉拒了她人的好意，卻要展示自己的東西，這個舉動真是太特殊了。

老婆婆提著祭品上樓去了，正巧這位信徒也來到同一樓層。老婆婆打開祭品，信徒一看，是番薯葉、苦瓜、豆干、木瓜、芭樂，為什麼這麼平常的素菜水果，老婆婆卻視為珍饈美味，還深怕被人拿走？

信徒看了很不捨，就到滿香園買了蘋果、梨子要送給老婆婆，但老婆婆誤以為信徒要賣給她，所以不拿。信徒說：「我不是賣給妳，是要送給妳的。」「世上哪有這麼好心的人？」老婆婆半信半疑地收下水果，放在供桌上，念念有詞地說：「祖公啊！今天拜拜有蘋果可以吃，你們高興嗎？」

老婆婆的話聽了讓人難過，可以看出她平日過得是多麼的清苦，連買一顆蘋果來祭拜都很困難。此時在旁的信徒感傷地問：「今天為什麼只有妳一個人來拜拜，其他的人為何沒來呢？」

老婆婆說：「我的丈夫很早就往生了，我兒子也是，後來媳婦改嫁，我只好把孫子養大，還娶了孫媳婦，生下一個男孩，我非常高興，總算對我的丈夫及兒子有交代了。」

老婆婆停了一下繼續說：「沒想到有一天我的孫子騎摩托車出去，被砂石車撞死，我的孫媳婦聽到這個消息，趕到現場，精神受到刺激，當場瘋掉，送到精神病醫院。」

信徒聽了以後，不禁一陣鼻酸，更是佩服這位老婆婆。她的人生這麼悲苦悽慘，但她沒有埋怨她的祖先、丈夫、兒子，留給她這麼沉重的家庭負擔；也沒有怪責佛、菩薩沒有賜給她幸福美滿的人生。她一樣對佛、菩薩、祖先有信心，她一樣感受到祂們的加持護佑。有了蘋果祭拜，她欣喜到如獲至寶。

老婆婆祭拜完了，就跟那位信徒說：「我帶妳去看一下我祖先的牌位。」到了那邊，老婆婆說：「明年妳若是有來拜拜，麻煩妳來這裡看一看，若是我沒來，麻煩妳替我上一炷香。」

那位信徒很奇怪地問：「幫妳上香？個人的祖先個人拜，為什麼要幫妳上香？」

老婆婆說：「我今年已經八十八歲了，明年是否還能來祭祖，我都不敢說。

所以我若是沒來，就麻煩妳替我上一炷香，謝謝。」

多麼沉重的一句「謝謝」！這位老婆婆承受著人生如此悲慘的對待，但她沒有埋怨、沒有怪罪，只有謹守著家族應該慎終追遠、懷恩報德的本分，這和不知飲水思源的人，真是天壤之別！

這則真實的故事，給了我們啟示：這位學佛的信徒踐履星雲大師三好的理念，帶來人間的溫暖，而老婆婆面對無常，卻能以豁達的心應對。這難道不是我們學佛者應該學習的嗎？

所以，我們祭拜祖先，真的要用虔誠的心。不只度我們的祖先、家人往生西方極樂世界，也希望所有的人都能幸福安樂，都能過著「自心和悅、家庭和順、人我和敬、社會和諧、世界和平」的生活。

6 佛光日抄經修持

五月十六日是佛光山開山紀念日。一九六七年，星雲大師帶領著僧信四眾披荊斬棘、胼手胝足，難行能行、難忍能忍，以堅毅不拔的精神，將佛光山一點一滴建設起來。

佛光山創建之初，大師為培養佛教人才，創辦佛學院，由於辦學有成，學生素質精良，弘法效果卓著，受到海內外佛教徒的推崇，紛紛禮請星雲大師到各地弘法及興建道場。他們希望大師能將「佛說的、人要的、淨化的、善美的」人間佛教，帶到當地弘傳，讓自己的心靈能夠得到淨化，慧命得以長養，信仰的法脈可以延傳。

星雲大師以什麼方法推動人間佛教呢？佛光山開山時，大師就確立了人間佛教弘法四大宗旨：以文化弘揚佛法，以教育培養人才，以慈善福利社會，以共修淨化人心。其中「共修」是非常重要的因素，因為「文化、教育、慈善」能夠持續下去，「共修」是很重要的推動力。星雲大師說：「經典，是入道的要門，不論受持一偈或書寫一句，都有無量功德。」所以，在佛光山開山紀念日，特別舉辦抄經修持。

抄經能讓我們對經典多一分認識，並和諸佛菩薩接心，最後將諸佛菩薩的法語刻印在腦海中，成為生命中的一道光明，指引我們走向人生的康莊大道。

二〇二二年五月十六日，因新冠肺炎仍在肆虐，加上時差的關係，全球佛光人無法同時、同地抄經，都監院乃和「人間衛視」合作，共同錄製「全球同步抄經修持」影片（註1），讓全世界的佛光人可以依照影片的程序內容在五月十六日這一天同步抄經。

想不到這樣的「雲端修持」竟然在世界各地引起回響，如美國加州沙加緬度菩提寺九十九歲高齡的趙老菩薩，為了讓信仰傳承，帶領著五代的兒孫共同精進抄經；法國巴黎有位信徒，她的媳婦雖非佛教徒，最後也跟著抄經，讓她感動得

佛光山全球同步抄經修持。

小朋友以 3C 產品跟著學習抄經。

熱淚盈眶。還有一位信徒表示，她常聽其他宗教的朋友說，他們在晚禱的時候會說一句話：「今晚，我們一家人又共聚一起，能在一整天過去以後，再次一起共聚祈禱，實在是一分很大的恩寵。」讓她羨慕不已。想不到在佛光日的今天，全家人也能夠聚集在一起抄經，讓她感動不已。

其實，不論以何種形式抄經，我們除了祈求全家人平安吉祥、慧命增長外，也希望以此抄經功德祝賀佛光山開山紀念日，同時也希望將這一分功德，回向給正受到新冠肺炎肆虐的普羅大眾，及受到戰火波及的百姓早日脫離苦海，大家都能過著健康快樂、幸福平安的日子。

註1：二〇二二佛光山全球同步抄經修持。https://youtu.be/MI3VdGEO5IE

7 寧動千江水　不動道人心

二〇二三年七月二十八日凌晨，「杜蘇芮」颱風肆虐台灣南部，本已就寢休息的我，被狂風驟雨發出震耳欲聾的聲音驚醒，尤其聽到寮區窗戶轟隆轟隆的巨響，好似要被拆散一般，再也無法入眠。

此時想到佛光山是否受到嚴重的波及？大眾是否能夠從各寮區到大雄寶殿做早課？接下來早齋要如何因應？佛光山各地的道場是否安好？僧信四眾是否平安無事？本山的水電是否順利運轉？當這些思緒產生，瞌睡蟲全被趕跑了。真是「心中有事世間小」啊！

因為心中有了掛礙，索性起床看書、寫文章，約莫過了一個多小時，累了又上床休息，沒想到卻輾轉反側，難以成眠；原來還有事情沒有處理，那就是早上我要何時宣布要不要上殿？是否過堂用餐？都監院何時啟動送餐機制到各寮區，避免大家淋濕？此時才感受到縣市首長的為難，說放颱風假，當天卻無風無雨，風和日麗，百貨公司、餐廳、電影院到處是人，老闆肯定不開心；說不放假，突然狂風大作，豪雨不斷，又被市民罵個狗血噴頭，真是首長難為啊！

為何我會有這些掛礙？我想星雲大師有一段開示可以說明：「在禪堂裡，懸掛有『大眾慧命，在汝一人；汝若不顧，罪歸汝身』的警策板。這是警惕維那主持禪堂的儀禮要如法，不可驚動修道者平靜的心，所謂『寧動千江水，不動道人心』。由此可見，佛教尊重大眾，以大眾為中心的思想。」（註1）

從大師的話可知，如果我判斷正確，皆大歡喜；判斷錯誤，怨言四起，明明可以上殿，你卻說不用；明明該留在寮區用功，卻叫大家出來，搞得大家身體濕透，渾身不舒服。所以我寧可睡不著，也要靜觀其變，做出最好的決策，不去擾動全山大眾的寧靜心湖。

約莫五點，外面風雨仍很大，我盱衡情勢乃大膽在LINE的「防颱群組」宣布：「今天早上採用送餐機制，大眾在各自寮口用功，大雄寶殿自行打皈依。風雨很大，請送餐人員各自小心！謝謝！」接著又提醒都監院的文書：「早上送完餐，請到各責任區域查看災損情況，並在群組回報。另外，本山主要出入道路，如果碰到阻礙，請在第一時間排除，謝謝！」

當我了解餐點都已經送到各個寮口，全山大眾都平安無事，主要幹道暢通，此時懸而未定的心才放了下來。雖然我一夜不能好眠，文書們也跟著起早貪黑，甚至整夜留守辦公室，但全山大眾能吃到早餐，又不會淋到雨，且能用功辦道，心中不用胡亂猜測，我們不就是做到「寧動千江水，不動道人心」了嗎？

此時我深深體會到星雲大師要我做一個「時辰鐘」軸心的意涵。都監院院長要坐鎮佛光山，帶領團隊，讓全山的作息正常運轉。且做本山各單位、各地道場的堅強後盾，讓大家在無後顧之憂、歡喜快樂的氛圍下，完成各項人間佛教弘法的偉業。尤其天災地變的時候，要一馬當先，排除各種狀況，讓本山寺務順利推動，如此才無愧大師的囑託。當我們做到了，都監院就是菩薩發心的道場啊！因為我們「常住第一，自己第二」、「大眾第一，自己第二」。

註1：摘錄自《星雲大師全集・演講集》〈宗教與體驗〉。

8 悲心救苦降吉祥

從二〇二〇年開始，受疫情的影響，世界各國政府傷透腦筋。其實不只現在有疫情，古代也一樣有，只是當時叫「瘟疫」。

記得「烏台詩案」過後，蘇軾被宋神宗貶謫到黃州（今湖北黃岡）。宋神宗元豐三年（一〇八〇），他和長子蘇邁來到黃州，當時一場可怕的瘟疫在黃州悄然爆發，且迅速蔓延，官府、民間束手無策。面對這場突如其來的災難，剛到此地不久的蘇東坡，沒有耽溺於哀傷的情緒，沒有埋怨皇上對他的不公、奸臣對他的迫害，他積極發揮菩薩精神，拿出手中一帖獨門祕方「聖散子」，協助官府共同醫治黎民百姓，救人無數。

蘇軾的弟弟蘇轍因「烏台詩案」被貶謫至筠州（今江西高安），此時筠州也發生瘟疫，蘇東坡得知後，也將聖散子藥方交給蘇轍，救民於倒懸。

宋哲宗元祐四年（一〇八九），蘇東坡因和司馬光等人理念不合，自京城請調杭州。想不到就任不久，當地竟發生大旱災，致使糧食歉收，餓死許多人，也因為這個原因，瘟疫跟著大流行。蘇東坡因九年前黃州抗疫成功，加上其弟在筠州的防疫經驗，況且自己現在是杭州地方首長，消弭疾疫本是自己的職責，乃將聖散子藥方傳授給當地名醫龐安時，同時募集資金開設「安樂坊」（相當於今之診所）。

後來，蘇東坡被章惇貶到惠州。當時廣州發生瘟疫，太守王敏仲來信求助，蘇東坡乃將自己在杭州的經驗告訴他，於是，廣州也辦起了安樂坊，救活無數的百姓。

蘇東坡不但文章卓越、文采斐然，還精通醫理，最重要的是他有一顆慈悲的善心。在拙著〈巧智慧心，談蘇東坡也無風雨也無晴的一生〉一文曾提到，他在杭州修「蘇堤」，在徐州率百姓抗洪，在黃州成立「育兒會」以避免溺嬰惡俗蔓延，在儋州鋪橋、造路、鑿井、治病等等。這些事蹟都可以看出蘇東坡真是

蘇軾像。

一個「悲心救苦降吉祥」的大菩薩。雖然他違背絕不公開「聖散子」祕方的誓言（註1），但救人一命勝造七級浮屠，相信他的功德還是無量無邊的。

註1：《東坡全集》〈聖散子敘〉有云：「其方不知所從出，得之於眉山人巢君穀，穀多學好方，祕惜此方，不傳其子。余苦求得之。謫居黃州，比年時疫，合此藥散之，所活不可勝數，巢初授余，約不傳人，指江水為盟。余竊隘之，乃以傳蘄水人龐君安時，安時以善醫聞於世。又善著書，欲以傳後，故以授之，亦使巢君之名，與此方同不朽也。」

9 翻轉學子生命的「星雲教育獎」

每年教師節，許多單位都會舉辦慶祝教師節的感恩活動暨頒獎典禮，行之有年的就是教育部舉辦的「師鐸獎」表揚，許多教師以獲得這個獎項為榮。但自從「公益信託星雲大師教育基金」於二〇一二年創辦「星雲教育獎」後，這個獎也變成教育界先進爭相想獲得的一個殊榮，為何呢？

我們知道「公益信託星雲大師教育基金」是星雲大師將寫書所得版稅等成立的。為了讓此基金可以永續經營，擴大服務，弟子們又發起星雲大師「一筆字」義賣，為「公益信託星雲大師教育基金」增加更多助人的善緣。

二〇一二年開辦的第一屆星雲教育獎於佛陀紀念館本館大覺堂舉行頒獎典禮。

因為有一筆一筆淨財的挹注，從二〇〇八年成立至今的星雲大師教育基金，陸續設立「星雲真善美新聞傳播獎」、「全球華文文學星雲獎」、「三好校園實踐學校」、「星雲教育獎」及「好苗子獎助學金」，還有「星雲人文世界論壇」。這些獎項、論壇幾乎都和教育有關，為什麼大師這麼重視教育？大師曾經說過：「什麼都可以缺少，但辦教育是不可以缺少，也不可以等待。」所以大師以實際行動筆耕不輟、積極書寫一筆字，縱然腦部開刀，漸漸康復後，仍積極書寫一筆字；主要目的是希望多一點善緣，來幫助更多莘莘學子，用教育翻轉學子的生命，用教育翻轉他們的人生。

星雲大師頒獎給榮獲終身教育典範獎的陳忠秀。

當大師的雙眼幾乎看不見，且必須以輪椅代步，他還是不斷地對好苗子說：「我要用生命祝福你們。」「我還能為你做什麼？」如此不管自己的病痛，如此慈悲地關懷和祝福，不就是我們教育工作者的典範嗎？

從獲獎者的事蹟中，我發現到星雲大師為教育的心願。同樣的，從教育界先進的身教言教中，發現他們用教育翻轉學子的生命、翻轉他們的人生。二〇二〇年六月，大師在「第九屆三好校園實踐學校頒獎典禮」講了一段話：「世間最寶貴的是讀書的人、教書的人，今日在場各位校長、老師都是從事這方面工作，特別感謝大家。」

10 「星雲教育獎」 頒獎有感

「教育」的英文字彙是 educate 或 education，這個字彙來自拉丁語 ēducātiō，原意是「引出」。曾經看過一則報導，提到古希臘的蘇格拉底，他在教學方面，非常擅長用對話的方式，把學生內心的問題引出，將他們內在的潛能，也一一引導出來。所以報導說蘇格拉底像醫生，他拿著一把鉗子將小 baby 溫和地拉了出來。

從此觀點引申，一位從事教育的工作者，如何引導莘莘學子內在的潛能及善良美德呢？我以鴦掘摩羅改邪歸正的故事和大家分享。

佛陀的時代，有一位鴦掘摩羅，他的老師告訴他：「只要殺死一千人，並將他們的手指頭串成花鬘，掛在身上，死後就能升天。」他竟然信以為真，開始兇殘地濫殺無辜，甚至連自己的母親也不放過，人稱「指鬘外道」。

佛陀知悉此事，不忍人倫悲劇持續，乃自行前往度化。當鴦掘摩羅看到佛陀，掄起刀子就要砍殺，哪知佛陀一點都不擔心，仍然安然漫步。奇怪的是，無論鴦掘摩羅跑得多快，就是追不上佛陀，此時他大聲喊叫：「沙門給我停下來。」佛陀真的止步，且說：「我早已停下來了，是你自己停不下來。」佛陀這話的意思是說，我已經停止傷害一切眾生的惡行，是你自己停不下來。此句話大大地衝擊鴦掘摩羅，他向佛陀懺悔自己的無明衝動，誤信邪師，造成今天難以彌補的傷害，希望佛陀收他為徒，讓他有懺除罪業的機會，佛陀欣然接受，收他為徒。

出家後的鴦掘摩羅，依照僧團的生活作息，每日入城乞食，但百姓仍忘不了他的惡行，每每向他丟擲石頭、瞋恨怒罵，做出各種羞辱報復的行為。因此鴦掘摩羅每次托缽回來都是滿身傷痕，衣衫襤褸。他開始疑惑，為何我已經改過修善，大家仍不放過我？

有一天，佛陀看到他狼狽的樣子，知道他對現前狀況的困惑，叫喚他過去，慈悲地對他說：「鴦掘摩羅！你必須安忍不動，要歡喜信受。你先前雖造諸惡業，但依著今日勤修善法，終將使你走向正道解脫；就像原本鹹苦的水不斷注入清水，日後必成甘美可解渴之水。以前種下的罪業，要以潔淨的善行來償還；就像烏雲散盡，將看到光芒四射的月光，照亮自己，也照亮別人。」

鴦掘摩羅受到佛陀的法水教誨，從此不論百姓如何對他苛責喝罵、捶打鞭笞，他都安然接受，心如大地，不動不搖，不去爭辯，不顯露瞋恨的表情，真正證得「忍辱波羅蜜」的境界。於是殺人如麻的「指鬘外道」，變成身心清淨、證果的大阿羅漢。

從以上這個故事我們可以了解老師是多麼的重要，如果老師心靈是邪惡的，帶出的學生將禍害人間；老師的心靈是善良的，帶出的學生必造福人間。因而星雲大師的「公益信託星雲大師教育基金」，針對老師設立「星雲教育獎」；針對

二〇二〇年終身教育典範獎頒獎予台灣大學醫學院教授陳榮基（中），右為指導委員會主委暨佛光大學校長楊朝祥，左為佛光山常務副住持、公益信託星雲大師教育基金諮詢委員慧傳法師。

校園設立「三好校園實踐學校」；針對清寒偏鄉的學生設立「好苗子獎助學金」。讓從事教育工作者有「德不孤，必有鄰」的鼓勵；讓從事教育工作者可以安心發揮教育的理想，且受到大家的敬重和讚歎。

11 九九重陽憶母恩

今天是十月二十三日（農曆九月九日），乃家母李新肅女士逝世十四週年紀念日，也是她百歲的冥誕。回想家母因為先父早逝，茹苦含辛撫養我們五位孩子長大，內心感觸特別多，乃撰文緬懷感恩家母一生劬勞。

家母李新肅女士（皈依法號慧慈），在十四年前，也就是二〇〇九年重陽節當日，於兒孫的佛號聲中，安詳往生佛國。身為兒孫的我們，雖有不捨與悲痛，但想到家母是棄癌病困頓之色身，回歸佛國淨土，我們還有什麼好難過的呢！

「苦、貞、忍、勤、慈、和」這六個字，似乎是為家母守寡五十載的悲歡歲

二〇〇九年，星雲大師前往萬壽園為慧傳法師的父親五十週年祭日拈香，並為其家人開示。

月，做了最好的註解。

苦——慰辛苦老淚縱橫

二〇〇九年七月十八日，家母和兒孫們聚集在萬壽園，為先父舉行逝世五十週年的法會，同時舉行「換甕佛事」。當日，慈悲的星雲大師帶領長老慈惠法師、慈容法師前來拈香致意。當大師進入萬壽園圓滿廳，見到家母，淡淡地說了一句：「妳辛苦了！」此時高齡八十六歲的家母，淚水竟如潰堤般汩汩落下，隨侍在旁的兒孫們也都熱淚盈眶。

「妳辛苦了！」短短四個字，娓娓道出家母這五十年來所受的辛酸與苦痛，我想大師是最了解家母一生辛勞的人了。眾所皆知，大師對所有的佛門親家，一向是關懷照顧且不遺餘力，尤其對方氏家族及母親娘家的李氏家族來說，更能感受大師的關心與垂愛。

我兩歲喪父，對先父幾無印象，只知台灣光復初期，省籍紛擾不休，家母在先外祖父李決和居士（後出家為慧和法師）同意下，嫁給大她七歲，來自湖北武昌的外省軍官方鐵錚先生。這在當時民風保守的宜蘭，曾引起不小的議論與責難，但家母不以為意地嫁到武昌，且頗得婆家疼愛。

後來因部隊調防，家母隨家父回到台灣，陸續生下四子一女，不旋踵，家父因病逝世。當年大師親臨主持告別式，並慰勉當時年僅三十七歲的家母：「此時此刻最重要的就是專心撫養五位年幼子女長大成人，同時將哀傷的心靈寄託於佛菩薩身上。如果有任何需要，定當全力相助。」這番話語，讓家母心靈漸漸安頓下來，勇敢堅強地面對所有的困境。

在大陸期間，先祖母雷仙英老夫人告訴家母一個祕密，說先父曾經給人算命，是出家的命格。或許是家母已認同先父的出家天命，因而當我和家兄慧龍法師先後提出家請求的時候，家母不但沒有阻攔，且歡喜送子入空門，披剃在星雲大師門下，圓滿先嚴出家心願。

貞——含辛守節多喜捨

家母年輕的時候容貌秀麗，加上又是小學老師，氣質出眾，所以先父過世後，身邊一直有慕名的追求者，造成家母不少的困擾。因而家母在一次手術中，商請醫生將她的子宮一併拿掉，以行動告知眾人：「此生將全力扶養五名子女，決心守節不再婚配。」此後，穿門走戶勸說的人才肯打住。

多年來，家母經歷許多艱辛困苦，但在星雲大師的指導與佛法的滋潤下，一生慈和處世，與人為善，更將大師人間佛教的道理，內化成生命的能量，將痛苦轉化成智慧、慈悲、和順、忍耐、勤勞、貞潔，含辛茹苦將子女撫養長大。

忍——子女多病累母憂

先父亡故時，家中並無恆產，家母以替人洗衣、打零工、剪喜幛、做養樂多推銷員、衛生所家庭計畫推廣員、台旭舍監、報關行員……，勉強扶養子女至長大成人。幸賴大哥方一剛非常爭氣，憑著聰明才智，勤奮努力考上公費的花蓮師範學校，減輕了先母的負擔。畢業後擔任國小老師，後來又擔任宜蘭救國團總幹事，可惜三十二歲時罹患尿毒症並長年洗腎，幾度從鬼門關搶救回來。

有一次，大哥在其服務的東湖國小，學生正擦拭玻璃窗，他看到潔淨的窗戶竟顯現觀音菩薩聖像，這似乎在點化大哥早日學佛。雖大哥終究不敵病魔英年早逝，但至少生前已經皈依念佛，讓家母減輕了許多掛礙。

而慧龍法師在一九八三年，從壽山寺迎請地藏菩薩回佛光山途中，發生重大車禍幾乎喪命。雖有大師及全山大眾協助各項醫療，但母子連心，家母為此也操碎了心。家姐方麗一生雲英未嫁，隨侍家母身旁，然心臟宿疾也讓家母時時擔憂，家母的辛苦可想而知。

勤——服務他人不稍歇

家母生前喜歡為人服務、與人為善，經常跟著普門寺及佛光會中山分會回佛光山參加各種活動、法會，也常就近擔任義工，舉凡助念、清掃獨居老人住處，或是隨著義診醫療隊到偏遠地區服務，她都不辭辛勞。家母常笑言：「我雖然不能幫忙看病，但可以幫忙包藥呀！」更因大哥生前深受醫護人員的照顧，家母與家姊常去台北仁愛醫院擔任義工，長達十餘年，累計服務時數達五千小時。

在罹患肺癌治療期間，家母始終懷著開朗的心前往醫院服務，醫護人員不解地問：「阿嬤！您是病患，為何還來當義工呢？」家母笑著說：「因為星雲大師說：『忙就是營養啊！』」

慈——有情有義具慈心

更難能可貴的是，家母從未因生活困窘而失去助人的慈心。家兄慧龍法師十三歲時，領了一包救濟米準備回家，途中看到另外一家人似乎更需要救助，順手就把米送給了這家人。回到家，家母問：「米呢？」家兄說明緣由，家母及外祖母望著廚房空空的米缸，不但沒有責罵，甚至還讚許慧龍法師有善心。

此景讓我想到北宋范仲淹，一日吩咐次子范純仁去蘇州買麥子運回河南商丘。途中，范純仁得知父親好友石曼卿，遭逢喪親之痛，無錢扶柩返鄉，於是自行作主將整船的麥子全部送給石曼卿，讓他籌措還鄉的路資及安葬的費用。范純仁回家以後向父親敘述此事，范仲淹等不及兒子說完，馬上責問：「為什麼不把船和麥子全部送給他呢？」范純仁回答已經送了，范仲淹這才對兒子連連稱好。家母和范仲淹真是今古相互輝映啊！

另外，家母對諸多朋友而言，她是一位有情有義的好姊妹。朋友心情不好，家母是她們最放心的傾訴對象。朋友有難，她一定儘可能地伸手相助，即便已臥病在床，獲知朋友往生，也會向醫院請假，由家姊陪她前去拈香致意，將奠儀交給對方，才安心回醫院。

和——隨順因緣不怨艾

家母的性格溫和有禮，不但與朋友相處融洽，也讓晚輩們如沐春風。三嫂是基督徒，家母不但不干涉他的信仰，且視如己出般地疼愛，最後在家母尊重包容的相處下，三十年後三嫂也皈依佛教了。家母與兒孫輩及親友相處，更從未說過一句重話。侄兒、侄女最喜歡以擁抱或親吻奶奶雙頰的方式傳達關懷，家母亦以慈愛的笑容，握著孫子們的手給予鼓勵與祝福。

綜觀家母一生，雖然考驗險阻不斷，但她隨順因緣從不怨艾。縱然二〇〇六年證實罹患第四期肺腺癌，她仍不憂不懼沒有怨尤，更加精進用功，經常誦經抄經三、四小時以上，之後則會誦念星雲大師所撰〈為出家修道者祈願文〉，祝願：「佛光山所有法師身體健康，協助大師推動人間佛教，造福芸芸眾生。」雖然臥病在床也沒有間斷。家母沒有祈求諸佛菩薩為自己消災免難，身體早日康復，反而因為兩位孩子披剃在星雲大師座下，愛屋及烏擴及所有佛光山法師，此分慈心善念令人動容，足見家母受到大師《往事百語．願心的昇華》（註1）的思想影響頗深。

當家母聽到星雲大師為興建佛陀紀念館而發起「百萬心經入法身」的祈福活動，很高興地對家姊說：「這可是難遭難遇的大事，我們要好好把握啊！」方氏家族受到家母這一股偉大情操感動，不分老小，人人抄寫《心經》，奉納於佛館本館塔剎藏經閣，不但盡一分兒孫的孝親之情，也與家母精神常相左右。

家母罹病這一段期間，她始終抱持「與病為友」的信念對抗病魔，直到臨命終時，為了保持正念往生佛國，以驚人意志強忍疼痛，不願使用任何止痛劑。

念佛聲中歸佛國

二〇〇九年十月二十六日（重陽節）下午，辛勤一生的家母似乎真的累了，在醫院一直沒有清醒。當天晚上八點多，慧龍法師從南投趕至汐止國泰醫院，在家母耳邊輕輕說著：「媽，您所交辦的事情，我都辦好了。」昏迷中的家母，彷彿是聽明白似的，輕輕點了點頭。

此時姊姊提議為家母擦拭身軀、更換衣物，我與兄長們到房外討論家母身後佛事的安排。晚間八點四十三分，聽到侄女如蘭驚呼：「奶奶走了！」眾人連忙進入病房，三哥方彌堅趨前確認家母已在平靜中往生西方，家人強忍悲傷，在慧龍法師及極樂寺法師帶領下，恭念彌陀聖號。

普門寺覺空法師亦帶領法師及信眾前來助念，在長達十二小時的助念後，家母的嘴角泛起一抹微笑，面容更為慈祥，猶如在睡夢般。佛光山眾師兄弟聞訊後，依培、覺培、覺元、妙凡法師，亦紛紛前來關切。

佛事當天師親臨

五十年前先父往生，大師親臨宜蘭為先父主持佛事法會，五十年後家母往

一九六四年，彌陀佛七圓滿日，慧傳法師一家眷屬與星雲大師合影留念。

生，大師親臨台北道場主持佛事，大師對佛門親家真是恩重如山。大師致辭時表示：人生總是後浪推前浪，李老菩薩這位菩薩行者和偉大女性，不是死亡，只是往生。

家母告別式隔天，《人間福報》（註2）特別刊登了一張她雙手合十、微閉雙眼的照片，這是家母一生中，唯一要求兒孫為她拍攝的相片，因為家母要感謝佛陀給予眾生光明希望，讓徘徊在生死無助的人知道生命的方向；要感謝星雲大師對方家子孫的照顧，及讓兩位孩子可以皈投在他的座下；表達對親屬、佛光人及社會大眾最深的敬意和謝意。家母在生命的盡頭，竟然演繹出大師「合掌人生」（註3）的感恩理念，可知大師三好四給理念，已在她老人家的生命中實踐了。

母親，雖然您的色身離開我們，但精神和我們同在，母親，謝謝您，讓我能夠當您的兒女。

註1：請參考星雲大師《往事百語・願心的昇華》。
註2：請參考二〇〇九年十一月一日《人間福報》。
註3：請參考《星雲大師全集・合掌人生》。

12 智慧與創新

二〇二一年十二月十八日中華佛光青年總團，舉行「中華佛光青年幹部共識營」，邀請我在開幕典禮上講話，因為今年的主題是「智慧與創新」，我便從這個角度分享一點淺見。

首先我提到，近日有人分享一個短片給我，情節有趣，內容說到：印度孟買是全球交通最繁忙的城市之一，塞車、堵車是家常便飯，因此成為全世界最喜歡按喇叭的城市，連等個紅綠燈都按，讓民眾飽受噪音干擾，為此交通警察集思廣益，共同尋求解決之道。

後來警察想出一個辦法，就是在紅綠燈處裝上分貝計，同時掛上一個電子看板，實施以後效果很好。為何？因為只要噪音指數超過八十五分貝，紅燈秒數就會歸零，並重新計時，且在看板上顯現四個大字：Honk more, Wait more（按越久，等越久）。此時有些駕駛發現了這個巧妙設計，就會相互勸告、相互節制，自然化解了噪音的問題。

從這個頗具啟發的短片，給了我一些省思，當我們碰到棘手的問題，要如何解決呢？首先我們可以學習孟買警察集思廣益運用智慧來解決，而非依循老路一味懲罰，或大聲喝斥，此種「逆向思考」不就是一種「智慧與創新」嗎？

接著我們要保持冷靜，就像一杯泥巴水，混濁不堪，但只要你不去搖動他，漸漸地泥沙就會沉澱，時間一久，就可以很明顯看到水和泥沙是分開的，這不就是由戒生定，由定生慧的道理嗎？所以保持冷靜才能夠生出智慧，找出新的方法面對困局。

還有，只要我們好好地研究智慧兩個字的意義，就可以知道智慧如何來。

「智」是由知和日合成，就是告訴我們智慧來自每日知識的累積；「慧」是由彗及心組成，彗除了是彗星以外，還有掃帚之意，這就是告訴我們要「時時勤拂拭，勿使惹塵埃。」如果能夠每日累積知識，又能夠清洗心地，就能產生智慧。

另外，我們要「轉識成智」，「識」指有漏地分別意識，「智」指無漏的般若智慧。我們常被自己的成見、偏見、執著或社會制約所扭曲，以致起惑造業。有了清淨的無漏智慧，如同明鏡一般，如實

二〇二一年中華佛光青年幹部共識營開幕典禮。

地映照世間實相，就不會被世間幻象所迷惑。星雲大師在《星雲大師談智慧》序文說道：「山不轉，路轉；路不轉，人轉；人不轉，境轉；境不轉，心轉。心一轉，宇宙人生，窮通禍福，一派瀟瀟灑灑，任運自然。」的確心境一轉，煩惱去除，智慧就產生了，當然你也會有新的觀念思想面對難關。

13 何謂「烏班圖（Ubuntu）」？

二〇一五年「國際佛光青年幹部會議」在南非南華寺舉辦，當時我聽到一則有關非洲小朋友行三好的故事，至今仍是印象深刻。

據說，有一位研究人類學的專家，他想了解非洲小朋友平日的互動行為，就在一棵樹木的下面，放置一籃水果，然後告訴孩子們：「誰先到達，誰就可以拿走所有的水果。」接下來他高喊比賽開始，這時他發現孩子們主動伸出雙手，握住身旁小朋友的手，一起跑去取那一籃水果，然後坐下來一起享受美味的果實。

這個舉動令人類學家驚訝不已，他問孩子們：「為什麼你們不自己先跑，而是一起跑呢？」孩子們開心地回答：「Ubuntu（烏班圖）！」意思是說：我們怎麼可以自己一個人快樂，而讓其他人悲傷呢？

「烏班圖」簡單地說，就是人性、樂於分享、我的存在是因為大家的存在（I am because we are），是非洲人的一種傳統價值觀，意味著「人與人之間是緊緊相連在一起，不論貧賤富貴都是密不可分。」此種思想就是《華嚴經》所說的：「心、佛、眾生，三無差別。」小朋友所展現出來純真無私的行為，就是我們佛教所說的：「無緣大慈，同體大悲」的精神，也是大師所說的「做好事、說好話、存好心」，就是「攜手同圓」（註1）的具體實踐。

因為有「烏班圖」的偉大胸懷，一九九四年曼德拉當選南非總統，是南非首位黑人總統，他結束了種族隔離政策。他主張不要報復要寬恕，還選擇了加害黑人同胞的前南非總統戴克拉克當他的副總統。同時成立南非「真相與和解委員會」（Truth and Reconciliation Commission），請大主教屠圖領導，透過公開、透明的程序，讓受害者陳述自己的遭遇，撫平內心的創傷；透過寬恕，打破含藏已

久的痛苦禁錮。同時也讓加害者透過真誠地懺悔，洗滌滿身的罪惡。這雖然只是一個理想，沒有辦法完全治癒受害者所受的傷害，但至少可避免大規模的報復行動。

曼德拉總統深知修補種族裂痕不容易，所以他一有機會就躬身實踐「烏班圖」的精神，如一九九五年「第三屆世界盃橄欖球賽」在南非舉行，他為了化解黑白種族之間的仇恨，也為了凝聚由黑白種族組成球隊的向心力，在冠亞軍賽當天，毅然穿上象徵白人壓迫黑人的

攜手同圓青年力，見證團結力量大。

「跳羚隊」衣服，還說：「我是你們其中一員。」曼德拉的這種寬大崇高美德，的確帶來巨大的影響。此時南非沒有黑白種族之分，只有「一個團隊，一個國家」（One Team, One Country），全國上下團結一心，為「跳羚隊」加油；球員們士氣大振，奮勇向前，堅守陣地，絕不讓步，最終獲得了世界冠軍。當曼德拉親自將金色獎盃授予白人隊長皮納（Francois Pienaar）時，獲得全場觀眾熱烈歡呼，南非人民熱淚盈眶。族群和諧、民心凝聚，是「攜手同圓」最佳註解，也是「做好事、說好話、存好心」的具體行動，大師所說的「三好」理念，真的是放諸四海而皆準啊！

註1：「攜手同圓」這個理念，是星雲大師在二〇〇一年十二月，於馬來西亞吉隆坡綠野仙蹤國際會議廳舉行的「第五屆國際佛光青年會議」所提出。

一、「攜手」有三個層次：舉手，表示禮貌、尊敬。握手，表示交流、和諧、友好。牽手，表示齊手並進，手攜手是同一目標、同一步調的前進。前進就不會後退，前進就會成功，前進就會有一番新的境界。

二、「同圓」有三種含義：在四面八方，有事時圍繞而成圓圈，如球賽喊暫停，教練球員圍在一起討論。宇宙有成住壞空、心念有生住異滅、人有生老病死；生命是環狀的輪迴，在輪迴中我們要學習扭轉、超越，且在圓形的生命中，不走極端，不左不右，要合乎中道。真心本性是圓形的，如太陽是圓的、月亮是圓的；自性要如太陽散發光熱，如月亮清涼皎潔，以慈悲關照世間。

大師總結說：「攜手同圓的活動目的，是要讓青年朝向有意義的目標前進，從中發掘自心本性，讓有限的生命得到無限的擴大。」（摘錄自《星雲大師全集・如是說》〈攜手超越輪迴〉）

14 學佛的孩子有成就

六月是鳳凰花開的季節，也是學生畢業的日子，許多學子紛紛走出校園，踏入人生另一個階段，佛光山信徒的第二代、第三代也是一樣。

近日陸續收到信徒傳來訊息，提到孩子們畢業了。閒談當中，他們都很感謝佛光山提供一個良好的學佛環境，讓他們的子弟課業優秀，品德方面具有三好的特質。他們共同的心聲：「學佛的孩子不會變壞」、「學佛的孩子有成就」。

現在我要介紹一位來自美國的 Emily Chen，她的父母還未結婚前在加州大學爾灣分校（University of California Irvine，簡稱 UCI）求學。因緣際會下，一九九五

Emily 於紐約卡內基音樂廳表演。

年請我前往演講，結下了好因好緣。後來每當西來寺有青年活動，我都會邀請他們協助，一九九六年「國際佛光會青年總團部」成立以後，他們也主動幫助我處理一些瑣碎的行政事務。由於他們都是佛光青年，彼此相知相契，最後決定攜手一生，結婚時請我福證，當時（二〇〇三年）我在西來寺擔任住持，他們是佛光青年中我首次主持佛化婚禮的新人，所以女兒 Emily 的出生、成長、學習，我會特別地關心。

Emily 的父親 George 平日在位於西來寺的世界總會服務，母親 Sharone 成立個人工作坊，教授鋼琴，假日全家都在西來寺當義工，所以 Emily 的童年自然而然地在西來寺成長。

Emily 四歲時，就在西來學校學習中文，十歲加入

Emily 獲獎無數。

「西來寺佛光青少年交響樂團」。由於遺傳母親的音樂天賦，九歲就得到「全美天才兒童音樂獎」；十歲受邀前往「紐約卡內基音樂廳」演奏，同時以最小年紀獲得「加州教師公會」演奏和樂理檢定最高級別及最高分的學生；十四歲獲得前往「義大利羅馬音樂獎」表演機會；十五歲贏得「紐約國際協奏曲比賽」並與「紐約交響樂團」演奏「蕭邦第二號鋼琴協奏曲」；十八歲取得前往與「匈牙利布達佩斯樂團」演奏「舒曼鋼琴協奏曲」的機會；十九歲以優秀成績從大學畢業，並代表音樂系於暑假期間前往西雅圖參加學術音樂營。

Emily 除了有優秀的音樂造詣外，也熱心公益，每到長假期，都會協助法師共同辦理音樂營隊，也會隨佛光會的會員到老人院，以音樂撫慰長輩的孤寂心靈。Emily 十歲那年，西來寺舉行「人間音緣」比賽，當時有一個分會的指揮正巧手部受傷，無法上台，在如此緊急的情況下，她毅然決然地承擔起指揮工作，帶領一群長輩，唱完指定的歌曲，令人讚賞。總之，西來寺、佛光會或是社區有需要幫忙，她都義不容辭地前往協助，具備星雲大師所說的「不請之友」的性格。

不僅如此，Emily 在課業方面的表現也是令人激賞。她十三歲初中畢業時，除了得到「總統獎的學術優異獎」（初中全A，加上品行優良），當地學區還特別頒發「特殊音樂奉獻獎」給她，原因是，學區的長官有一次帶政府官員到西來寺參訪，臨時要她前往彈奏鋼琴歡迎，她優美的琴聲感動了當場的官員，因而決定在她畢業典禮時給她一個驚喜。

Emily 不但在學成績優秀，且中文也有一定的基礎。她十歲那一年代表西來學校參加僑委會舉辦的「全球海外華語文寫作大賽」，得到小學組第一名，當時駐洛杉磯的經文處處長還親自來到西來寺頒獎。

應該是種種優異的表現，又有熱心公益的特質，十五歲那一年，Emily 以跳級生的身分進入 California State University, Los Angeles（加州州立大學洛杉磯分校）榮譽大學部就讀。在大學生涯中，除了課業優秀，一樣發揮佛光青年的三好精神，每個學期都會為殘障學生舉辦音樂會，縱然在新冠肺炎肆虐期間也沒有停止。由於常為同學服務，被選上七十五年來最年輕的文學院和藝術學院的學生代表，並在任內積極推動校園反毒、反暴力、女性平權，爭取學術預算等，也為同學策劃和執行大熊湖生活營、年會等活動。

Emily 每學期都獲得 Dean's list（院長嘉許名單）殊榮。十九歲畢業時，其學業成績平均點數（GPA，Grade Point Average）更高達3.9以上，代表每科每學期都是全A，因而獲得 Summa Cum Laude（以最優學業成績畢業）的最高殊榮。

Emily 說：「雖然我不懂艱深的佛法義理，但是我要效法師公人生三百歲的精神，盡我的力量讀書求學，不求回報地實踐三好，相信佛菩薩會給我很好的回報。」可見學佛的孩子有成就。

15 從「普中美式生活體驗營」談教學相長

此次「普中美式生活體驗營」得以圓滿完成，要感謝Jayme和Richard，他們分別在美國大學、高中任教，經驗非常豐富，教學受到肯定。同時要感謝Jenny家裡的兩位公子Evan和Jeremy，許是去年普中的教學經驗，感受到助人為樂的歡喜，所以今年他們協助號召北美地區的青年一起前來，就這樣有十五位北美佛光青年來到普中擔任TA（助教Teaching Assistant）。其中一位來自佛州的Mandy，為了來擔任TA，歷經千辛萬苦，真的非常感謝。

Mandy本來要先來台灣參加國際佛光青年會議，但在前往機場途中，發現護照不見了，如果依照正常手續補辦，拿到護照後會議都結束了，因而家人勸她不要來了，但她堅持一定要來，因為除了青年會議，還要來普中美式生活體驗營教學。為了能夠儘快來台灣，她到處打探，美國哪一個州可以快速辦理臨時護照，且不斷地祈求觀音菩薩加持。皇天不負苦心人，終於問到一個可以快速辦理護照的地方，才得以成行。

我在開營典禮時和來參加體驗營的同學分享，此次的體驗營得之不易，是多少人的努力才有今天的聚會。尤其新冠肺炎疫情剛過，機票價格高昂，但是老師及 TA 都不辭辛勞且不計酬勞，兼程來到普中義務教學，此種一諾千金、有情有義的情操，同學們要向他們學習，且在十天的營隊中好好用功，讓自己在聽說讀寫方面都有所進步，這是對老師及 TA 們最好的感謝。

此次體驗營從七月十八日開始，至二十八日結束，雖然只有短短十天，但我看到、聽到許多令人感動的場面，也感受到施者、受者共同成長的喜悅，今以四點淺見，和讀者分享。

一、看到學習動機

體驗營上課期間，中颱杜蘇芮來襲，二十七日學校放颱風假，因此校方事先了解六十二位國二同學及家長，是否願意留下來繼續上課，想不到有五十三位同學願意留下來。一般的學生聽到放假都是開心不已，他們卻願意留下來上課，對於同學如此珍惜這次的體驗營，我相當感動，所以當校方提出想回到佛光山上課，圓滿最後二天的課程，我欣然同意，因為這是對於精進用功學子的最好鼓勵。

體驗營的老師中，有兩位在美國任教，很了解如何和學生互動，也知道如何引導同學開口講話，所以上課氣氛很好，成效頗佳；其他班級的同學很羨慕，紛紛利用課餘時間過來和北美青年交談，同時請求校方，給他們機會上英文課，校方也一一圓滿同學的心願。對於同學們主動學習的精神，真是感動。

為了讓教學成果更加顯著，校方特別安排一天讓他們到高雄駁二藝術特區，想不到本來不太敢開口講話的同學，竟然可以用英文介紹當地的文化特色，真是出乎我們的預料。另外，學校有一座「披薩窯烤爐」，乃請餐飲科老師帶領大家製作披薩，讓大家在輕鬆愉快的方式下學習及自然交談，效果極好。因為課程活潑靈活，不是全部在教室上課，所以同學們希望學校多安排「異地教學」的課程，同時希望「美式生活體驗營」的時間可以拉長，聽到他們的建議真的很高興，代表同學們內心的學習動機被喚醒，達到體驗營預設的目標。

二、看到相互成就

此次體驗營，除了對普中的同學幫助甚大，擔任 TA 的北美青年一樣收穫滿滿。其中有一位北美青年，平日總喜歡戴著耳機聽音樂，不太跟家人溝通，參加體驗營回去以後，他不再整日戴著耳機，願意和家人交談，變得非常有禮貌。他以前下課回家喜歡走後門，現在會從正門進出；到了道場，知道要先去大殿向佛菩薩銷假，回去前要去告假。此種脫胎換骨的變化，不但母親感動，連道場的法師都讚歎不已，因為這位青年在此趟教學之旅中體悟到星雲大師人間佛教

「給」的精髓了。

另有一位北美青年，比較內向，參加體驗營回去以後，變得活潑開朗，更有禮貌，坐姿也端正了，知道要尊重別人。另有一位大學二年級的青年，從這一次的教學之旅，找到自己的方向目標，確認將來要當一名老師。還有一位青年，因受不了台灣的潮濕熱浪，立志要當一名建築師，設計出冬暖夏涼的房子。而大部分青年的共同心聲，就是明年還要回來擔任TA，同時要好好經營當地的青年團，號召更多青年回到台灣從事英語教學。

因為北美青年來自不同的地區、不同的領域，對於如何授課有時也會有不同的意見。如介紹美國文化的課程，有人希望以爵士樂呈現，有人認為應該以舞蹈來表達，但有人認為牛仔文化才是美國文化特色；正當大家堅持己見時，有位北美青年說：「我們是佛光青年，應該要發揮集體創作的精神，為何不將各種的元素整合在一起？」當「Why not all？」的話語一出，大家熱烈鼓掌通過此議案，雖然內容多元，講師各自發揮，因為達成共識，氣氛歡愉，一棒接一棒銜接到位，普中的學生認識到更多的美國文化，北美青年更體會到集體創作的奧妙，做到大師所說的「你好我好大家好」。

三、看到人性善美

體驗營結束後，雙方互道珍重再見，看到大家依依不捨，留下真情的眼淚，知道此次體驗營，雙方都已經留下不可磨滅的友誼。事後導師了解同學們的感受，想不到同學幾乎都有一個共同的心聲：「我們明年應該無法參加體驗營了，因為要準備會考；但這麼好的體驗營，希望學校可以繼續辦理，讓學弟妹都可以得到利益，同時擴大舉辦，讓其他班級也有這個福報學習，而且希望體驗營的時間可以延長。」當我聽到他們的反應，真是感動，因為他們這種善美的心態，雖然自己沒有機會參加，也希望他人有機會，這不就是「存好心」的具體表現？同學們真的無愧「三好校園」的學生啊！

普中美式生活體驗營上課情形。

四、看到未來希望

此次活動，我還要感謝十位剛畢業的普中校友，由於他們願意回校擔任TA，給學弟妹留下一個當義工的好榜樣。同時也因為和北美青年的相處，更加認識了青年團的運作，且知道成為佛光青年，可以擴大心胸，豐富生命經驗，厚實領導能力，結交善友良師，服務人群，廣結善緣，提升生命價值，因而相約加入青年團，為世間留下貢獻。

總之，一個活動能夠留下這麼多的啟發，且改變這麼多學子的想法，我想這就是人間佛教辦理活動的重點所在。記得星

慧傳法師與參加普中美式生活體驗營的學員合影。

雲大師在《貧僧有話要說・我一直生活在「眾」中》有這麼一段話：「這許多活動，貧僧都把它歸類訂名為『共修』，因為我們認為，不只是念佛、拜懺、誦經、禪坐、五戒、菩薩戒、短期出家等，應該包括佛學講座、讀書會、座談會，乃至各種大眾活動，凡是有益於身心淨化作用的團體活動，都可稱為『共修』。」佛門有云：「未成佛道，先結人緣。」今天普門中學所辦理的「美式生活體驗營」，真的做到大師所說的「共修」。

16 自動自發地合掌

感謝佛光山海內外僧信四眾的同心協力、集體創作，佛光山二〇二一年萬緣水陸法會圓滿落幕了，相信許多信徒一定有不同的感受和收穫，對我而言其中一幕讓我至今仍難以忘懷。

十一月二十七日是第一期水陸法會送聖，每年送聖法會都會邀請普門中學的管樂隊及大慈育幼院鼓樂隊前來參與。水陸法會送聖往年都在佛光山不二門舉行，因近五年佛光山靈山勝境、寶橋、不二門（覺華園、文教廣場）都在施工，所以送聖法會移至佛陀紀念館舉行。今年這些工程大致上都圓滿了，於是又回到佛光山舉行。

當儀軌進行到〈送聖讚〉：「佛慈廣大，感應無差……」，與會的大眾準備去不二門化西方船及二十四席，站在大雄寶殿丹墀的我，眼光不禁望向普中的管樂隊，看他們是否精神抖擻準備出發，突然看到老師、學生們竟然自動自發雙手合掌，還有穿上「大紅」（註1）來到佛光山擔任義工的三位同學也是合掌，此情此景讓人感動。

事後我詢問老師當天的情況，原來同學從唱誦〈大悲咒〉就開始合掌，一直到〈送聖讚〉，約有二十多分鐘。想一想這些同學正值青春年少自我意識高漲的階段，有些甚至是異教徒，不是三言兩語就會改變，許是「三好校園」的氛圍，他們學習到尊重與包容，加上回到佛光山擔任義工，看到法師的莊嚴、義工的認真、大眾的虔誠，自然而然受到薰陶，才有今天感人的一面。

星雲大師在《迷悟之間．薰習的力量》有這麼一段話：「佛教主張『多聞薰習』，又謂『薰修德業』；品德的修養，除了靠古聖先賢、父母師長的言教、身教之外，境教也很重要。環境可以使一個人在長期耳濡目染下，不知不覺受到潛移默化而改變氣質。所謂『橘化為枳』，種在淮南的橘子，移栽到了淮北就生出枳子；古代因有『孟母三遷』，故而才有後來的亞聖孟子，這都說明環境薰習的力量，不容忽視。」

二〇二一年佛光山萬緣水陸法會，普中同學自動自發合掌。

註1：
大紅：指穿上鮮紅色T恤的青年義工。
小紅：指穿上暗紅色T恤的佛光青年。

17 頒發好苗子獎學金有感

星雲大師於二〇一六年設立「好苗子計畫獎助學金」，每年都會從「公益信託星雲大師教育基金」撥出一筆款項，委由「佛光山文教基金會」執行。因為普門中學有一百多位好苗子，所以每一學期開學之初，我都會以董事長身分出席致辭及頒發獎學金。

每次參與頒獎，內心都會很感動，因為一般外面的獎學金大多給個幾千塊或是幾萬塊，但大師卻是全額補助。不只如此，大師還希望好苗子和其他同學一樣，很有尊嚴地自行繳交學雜費及生活代辦費，這讓好苗子覺得，他們是靠自己的努力得到獎勵。大師這種解決學子就讀問題，又給他們尊嚴，才是真正「慈善救濟」的做法。

好苗子同學不但功課好、品德也好，所以成為學校管樂隊首選的隊員。但是他們幾乎沒有接觸過樂器，也看不懂五線譜，老師只得慢慢地教導他們樂理、看樂譜，學會使用樂器，吹奏出完整的曲子。最後參加「學生音樂比賽」管樂合奏，獲得高雄市東區B組優等第一名，並代表高雄市參加全國賽，他們的表現及努力值得激賞。

今天好苗子同學可以得到如此佳績，除了大師的無私奉獻、校方的全力協助、老師的認真授課外，學生自己懂得調配管理時間也是很重要的因素；尤其他們懂得自己管理自己，在沒有老師催促監督之下，自己要求自己，遵守校規、用功讀書、做三好楷模，這些都是他們成功的要件。

美國史丹佛大學心理學家沃爾特・米歇爾（Walter Mischel）曾主持過一項「棉花糖實驗」。從實驗中發現，願意等待十五分鐘多拿一顆棉花糖的小朋友，十多年後，他們不論在學業成績、抗壓能力或是人際關係，都比當場就吃掉棉花糖的小朋友突出，且在藥物濫用、成癮方面的比例都是偏低的。因為這些小朋友長大以後比較自律，比較自我要求，且願意延遲享樂，當然會取得良好的結果。

另外根據《經濟學人》報導，瑞典斯德哥爾摩大學（Stockholm University）與荷蘭馬斯垂克大學（Maastricht University）研究人員，一起做了一項類似的實驗；他們對一萬三千多名年齡約十三歲青少年做了測試，詢問他們願意馬上拿到一百四十美元，或是等待五年後可以獲得一千四百美元。經過了十八年追蹤調查，得到一個結論，決定馬上得到錢財的孩子，比延後拿的青少年，犯罪的機率高出百分之三十二。研究顯示，這些沒有耐性，傾向立即獲得好處的孩子，比較不懼怕潛在危機所帶來的懲罰。報告又指出，這些沒耐性的孩子未來的成就相對低落，且犯罪的比例升高；但如果循序漸進讓他們受良好的教育，他們的思想、觀念，行為舉止也會改變，變得不會那麼衝動，更有耐心，且願意延遲享樂，以獲得更好的獎勵。所以文章特別提到法國文豪維克多・馬里・雨果（Victor-Marie

Hugo）的話：「開一間學校等於關一間監獄。」

這兩個淺顯明白的實驗，更證明了大師設立「好苗子計畫獎助學金」的重要性。讓有心向學、成績優秀、資源缺乏的學子能安心向學，用教育翻轉他們的人生、翻轉他們的生命，又不要求回報，這不是很偉大的胸懷嗎？而好苗子報之以自律、自學、自制，我想這就是大師設立「好苗子計畫獎助學金」所帶來的善果。

好苗子於佛光山舉辦「佛光家庭日 —— 好苗子回山座談會」。

18 伙伴

普門中學每一學期開學之前，都會辦理「教職員工職能成長營」，除了建立共識以外，也會請佛光山長老開示，讓教職員更深入了解星雲大師辦學的初衷，最後的綜合報告通常會邀請我和監察人前往勉勵大家。

有一次聽到上台報告的老師，稱呼所有的教職員工為「伙伴」，心中特別有感受，在總結致辭的時候，乃以伙伴為題和大家共勉。

「伙」，表示在一起生活或工作的人。如果將「伙」拆開來談，就是說一個人工作的時候，要像一團火，有熱情、有拚勁，能積極任事，有了這些人格特質，相信事情就可以辦妥，且會受到上司賞識、同事認可。但如果我們衝過頭，這一團火，可能會燒出一些後遺症。尤其許多能力強的人，看不慣那些做事溫吞、敷衍了事、拖拖拉拉，或是跟不上腳步的伙伴，就會火氣爆發，頤指氣使，甚至於表現出一種唯我獨尊的傲慢心態，最後雖然任務完成了，卻得罪了一群人，以後大家聽到要和這種人共事，恐怕會視為畏途。

所以一個有能力的人，應思索如何和他人共事，如何領導他人。星雲大師說：「真正有能力的人，不是用脾氣去領導別人，也不是用脾氣去教導別人，而是以身教來領導人，以道德來感化人，以度量來包容人，這才是最有智慧的上等人。」所以大師將世間分成四等人，我們何妨自我檢討一下，是屬於哪一等人呢？（註1）

一等人，能力大脾氣小。

二等人，能力大脾氣大。

三等人，能力小脾氣小。

四等人，能力小脾氣大。

我們如何成為大師所說的「能力大脾氣小」的一等人呢？就是要讓和我們共事的人，都能如沐春風、潛能激發、能力提升、智慧增長，得如此，不論是你的部屬或上司，一定會非常喜歡你的。

接下來我們要了解「伴」的意義，當一個「人」加上「半」，代表什麼呢？就以身為教育工作者的我們來說，不能太有自我意識、太過執著己見，而不去思考和群體之間的關係，如和學校的關係，和校長、同仁的關係，和家長的關係，還有最重要的和學生的關係。所以佛門有一首偈語「若見人我關係處，一花一葉一如來」，若能妥善處理好人我關係，就是悟解人生的一道門扉。

與人共事，星雲大師也將其能力分為四等：（註2）

一、能領導人，也能接受人家領導。

二、能領導人，但不能接受人家領導。

三、不能領導人，但能接受人家領導。

四、不能領導人，也不能接受人家領導。

非洲有一句諺語：「一個人走得快，一群人走得遠。」（If you want to go fast, go alone. If you want to go far, go together.） 教育是「十年樹木，百年樹人」的偉業，靠一個人是無法完成的，一定是一群有共識的人走在一起，相互支援，相互協助，方能畢竟其功。因而希望我們每位老師都是「能力大，脾氣小」、「能領導人，也能接受人家領導」的伙伴，大家一起「用心成就每一個學生」，讓莘莘學子可以適性發展，找到自己的生命方向，讓普中成為「三好校園」（註3）楷模，人人能夠做好事、說好話、存好心。學生畢業以後，也能發揮所長，與人為善、廣結善緣、奉獻服務、做己貴人，讓這個世間因為我們校友的存在，增加一點光熱，能夠如此，我們就對得起教育事業了。

註1：摘錄自《星雲大師全集・星雲法語6》〈四等人〉。

註2：摘錄自《星雲大師全集・星雲日記5》〈勤耕心田〉。

註3：摘錄自《星雲大師全集・如是說4》〈三好校園助人類和諧〉。

仁愛

肆

人間有愛

1 自己教育自己

普門中學國三生王言名、李霽和、林建霖三人參加「二〇二二全國科學探究競賽——這樣教我就懂」，以「香蕉假莖結構的探究及在生活應用上的創作」獲得國中組全國第一名。最難能可貴的是普中第一次報名參加，就獲得這麼好的成績，難怪「人間衛視」、《人間福報》擴大報導，另外還有《聯合報》、《中國時報》、《自由時報》等十九家媒體也紛紛報導，可見社會大眾對普中這次獲獎的重視及讚許。

同學們這一次表現這麼突出，首先要感謝高師大的蔡執仲教授、蕭秀芸助理及三位研究生，還有普中徐秉鴻、胡馨方老師的從旁指導。但光有老師的全力輔助、校方的支持，如果學生沒有動力也是無法得到良好的成績。

為何這麼說呢？當「人間衛視」六月十六日到普門中學實地採訪，從李霽和、林建霖同學的受訪中，我得到了答案。為何他們三個人會以「香蕉假莖結構的探究及在生活應用上的創作」為題？他們說香蕉是高雄的特產，在校園中也常看到，所以他們從日常的觀察中，很好奇看起來脆弱的香蕉假莖，為何可以支撐整株香蕉的重量，於是在老師的指導下研究香蕉假莖的結構。當他們了解其原理以後，繪製出設計圖，然後以3D列印做成假莖的模型，實際去測試他的強度，經過幾次的修正，終於做出符合假莖的模型，果然在承受重量上真的很強，難怪可以支撐整株香蕉的重量。

對於同學們的這一番說明，我的內心真的很感動，因為此段心路歷程就是「唯識百法」所說的「五遍行」（作意、觸、受、想、思）（註1），也就是當同學們已經注意到「看起來脆弱的香蕉假莖，為何可以支撐整株香蕉重量」的時

普門中學國三生王言名、李霽和、林建霖三人參加「2022 全國科學探究競賽——這樣教我就懂」，以「香蕉假莖結構的探究及在生活應用上的創作」獲得國中組全國第一名。

候，「作意、觸」已經作用了。接著心中升起一窺究竟的念頭，就是「受、想」的心理層次。當心中有了這個強烈動機，他們會去思考、籌劃，當有疑問的時候同學們互相研究討論，有突破不了的問題會去找老師，解決自己的困惑，他們團結合作、相互鼓勵，不斷研討、不斷修正，最後克服難關呈現出最好的科學作品，這個階段可以說是「思」的作用了。

他們這種積極學習的精神，很符合星雲大師《人間佛教語錄》裡的一段開示：「一等的學習：自己教育自己；二等的學習：朋友互相砥礪；三等的學習：等著老師教導；劣等的學習：拒絕所有言教。」這三位同學是屬於一等學習，因為他們有主動學習的精神，加上有志同道合的同學，自然會積極研究實驗，團結合作、互相砥礪。過程中他們碰到一次次的失敗，所以當老師指導的時候，很容易聽進去，因為他們求法若渴，積極想改進自己的錯誤，當然最後可以成功。

註1：
請參考《佛教叢書．教理》〈五位百法〉。
五遍行：
（一）遍行心所五
遍行位，指任何認識作用發生時，所生起的心理活動，又分為五種：作意、觸、受、想、思。因為這五種心理活動具有普遍性，遍於一切心、一切地、一切性、一切時，所以叫做「遍行」。
1. 作意：引起念頭，領導心去注意外境。含有警覺、靈敏的作用。
2. 觸：是根、境、識三者和合時所產生的心所法。
3. 受：即領納外境所生之受，有苦、憂、樂、喜、捨等五種。
4. 想：在心中浮現境相，產生概念的心理作用。
5. 思：是對境審慮，而引起心與心所造成身、口、意業的精神作用。它能命令心去作籌劃、謀略、思考、衡量等行為，而造作善業、惡業、無記業。

2 從普中「程式科技夏令營」談活動的目的

暑假到了，相信這是小朋友最開心的一件事，因為沒有課業的壓力，又可以到處閒逛玩耍，盡情地打遊戲機，這種無憂無慮的生活，不亦快哉！小朋友雖然喜歡，家長卻不樂意，因為擔心他們荒廢了學業，浪費了時光，將來課業趕不上，輸在起跑點。

有鑑於此，佛光山普門中學於暑假期間舉辦「程式科技夏令營」，希望小朋友可以在充滿科技風的營隊中，培養出興趣，找到學習的動機，在人生的路上為自己多開一扇門。對於普中老師如此用心辦理這麼有意義的活動，我特別前往聆

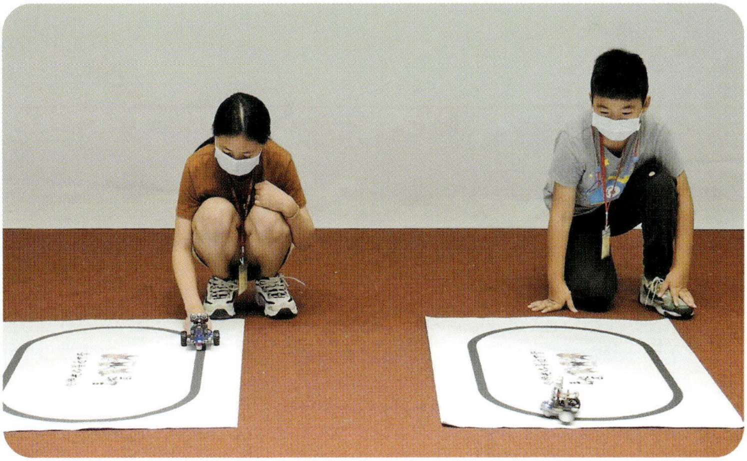

普門中學同學參加「程式科技夏令營」。

聽小朋友的成果發表。想不到短短四天的學習，成果那麼豐碩，乃於閉幕典禮發表一些感言：目前這個社會愈來愈重視科技的發展，台灣如此，世界也是如此。記得二〇二三年六月，有「AI 教父」之稱的輝達（Nvidia）執行長黃仁勳回到台灣，他除了在台灣大學畢業典禮發表精采的演講，也會見許多科技人士。相信各位同學應該有所聽聞，也希望有朝一日能夠向他看齊。但「萬丈高樓從地起」，基礎的程式語言都不了解，將來如何深入更高階的程式語言，又如何在科技業發光發亮呢？

普門中學於暑假期間特別辦理了這個夏令營，找來科工館蘇老師傳授大家基礎的程式語言。從大家的成果發表，以及這四天的整體表現，讓我看到四點感動：

一、知識增長：看到同學們已經掌握了基本程式語言的知識，且可以運用所學，操作 micro:bit 微電腦板、智能小車及仿生獸，代表大家知識增長了。

二、勇於發問：同學們可以掌握這些知識，是因為大家懂得不斷地發問；有時老師不在身邊，求知欲旺盛的你們，轉而詢問輔導員，他們卻常被你們問得不知所措，只得私下請教蘇老師，明白以後才依樣畫葫蘆回覆，免去被問到啞口無言的窘境。

三、不怕失敗：同學們除了學到基本的程式語言，且實際操作，雖然不斷地失敗，但大家沒有氣餒，經過不斷地嘗試，糾正錯誤，最後完成作品。這種靠著自己的智慧、靠著自己的努力，換來的成果，當然讓同學欣喜若狂。

尤其在智能小車循著軌道奔跑比賽，進入冠軍爭奪戰的時候，一位女同學的車子竟然無法動彈，她眼看另一位同學已經跑了一半的路程，而自己的車子仍沒有反應。她沒有氣餒，嘗試各種方式啟動，正絕望的時候，車子竟然爆衝，且循著軌道跑得飛快，在靠近終點時，竟然以一個車身的距離贏得比賽。這種不屈不撓的精神贏得在場大眾的熱烈掌聲。

四、找到目標：剛來參加夏令營的時候，同學們手機不離手，也不太理會老師及行政人員的指導。後來大家慢慢離開對手機的依賴，專注在學習上面，甚至於為了和同伴討論成果發表，忘了打電話向父母報平安，家長緊張得以為自己的孩子發生了事情，後來知道自己的子弟認真學習，開心不已。同學這種精采表現，讓我們得到一個重要的啟發，教育的目的就是在幫助莘莘學子找到人生的方向和目標，接下來他就知道如何做自己（Be Yourself）了。

總之，這四天的課程，各位同學一定有很多的體會，我們也很希望藉助這次的夏令營，讓各位同學學到基礎的程式語言、訓練大家的邏輯觀念、解決問題的能力，及集體創作共同克服難關的能力，相信這些心得，對於你的未來人生一定有所幫助。

3 面對歧視 智慧化解

近日在媒體看到一則報導（註1），提到美國民主黨籍眾議院議長裴洛西（Nancy Pelosi）參加墨西哥裔眾議員梅拉．弗洛雷斯（Mayra Flores）的就職典禮，在合照時被指出「用手肘推開弗洛雷斯的女兒」，此舉引起媒體及網友一陣撻伐，認為這是「種族歧視」、「只有選舉才會想到有色人種」等種種的批判。但議長的發言人回應表示，這是媒體惡意的曲解，且分享許多議長和孩子們親切招呼的影片。至於真相如何，相信只有裴洛西議長自己最清楚了。

一九九四年，我以國際佛光會世界總會副祕書長的身分，被調到美國西來寺服務。到了美國，信徒跟我說，在美國你不可以稱呼黑人為「negro」，應該稱呼他們為「African American」（非裔美國人）；如果你不小心稱呼黑人為「negro」，可能會造成衝突。那時我剛到美國也不清楚為何，只知道不要去冒犯人家很重要，尤其每年要到洛杉磯「第一美以美教會」去寒冬送暖，如果得罪了人，好事也會變成壞事。

雖然我們希望不要去冒犯人家，但他人不見得會這麼想。二〇〇一年四月一日美國一架偵察機，和大陸的戰鬥機相撞，迫降在海南島，中國沒有立即歸還美國偵察機，此時美國民間的反中情緒很強烈，我們的法師或信徒到超市買東西也受到波及，最常聽到的一句話是「Go back to China」。

又如川普總統在任的時候，一再地強調 COVID-19 是中國引起的，這是「中國病毒」，因而許多不明就裡的人信以為真，開始攻擊亞裔人士，造成不少傷亡。類似的歧視事件，在校園也時有所聞，例如，有些弱小的同學，或是長相特殊的人，常常成為被霸凌的對象。想想一個青春年少的孩子，在學校被欺負了，卻得不到關懷、得不到公平正義的對待，內心的恐懼害怕可想而知，所以與其痛苦的生活，不如和欺負他的人同歸於盡，因而持槍在校園大開殺戒的悲劇就發生了。所以歧視、霸凌的問題沒有解決的話，此種仇恨情緒會一直延續下去，校園的槍擊事件很難止息。

接下來，我要敘述一段和我有關的歧視事件，自己又如何化解的故事。

一九九六年八月，國際佛光會在法國巴黎舉行世界會員代表大會，我因為職務的關係，七月需前往法國協助巴黎協會籌辦，所以五月初就前往法國駐洛杉磯總領事館辦理簽證。當時辦事人員聲稱下班時間已到不再收件，當場就將窗口關閉起來，也不跟我說接下來該怎麼辦，讓人愕然。過了幾天我再次前往申請，他們說我的證件不夠齊全不能辦理，我心想：「法國人為何如此刁難？」第三次我不但提早到，資料也準備充分，但不明白為何他們辦理的速度那麼慢，眼看就快中午十二點了，還沒輪到我，於是我鼓起勇氣請他們務必幫忙，果然他們收了我的文件。經過審核詢問，約莫二十多分鐘後，辦事員將簽證交給我，且說了一句

一九九六年國際佛光會第五次世界會員代表大會在法國巴黎國際會議廳舉行。

「Welcome to France！」我這才鬆了一口氣。

到了法國，災難並沒有停止，進入海關檢查證件，別人幾十秒就pass，我竟然被盤查了近三分鐘，一下子要看我的回程機票、一下子要看我受邀請的文件，最後才勉強蓋上通關的圖章。此時，我的心頭不是高興而是納悶，為何法國政府對我這麼不友善呢？

到了巴黎佛光山隨即展開工作，也沒有時間和師兄弟們探討我的際遇及法國人的個性，但聽他們說，法國人是高傲的，有時他們縱然會講英語，但會假裝聽不懂，要溝通交流就用法語來交談吧！

過了幾天我與住持依照法師等人前往「巴黎會議中心」，了解世界會員代表大會開幕典禮場地的狀況，這時發現有位法國工作人員很客氣、熱心，我心想怎麼和我所見過的法國人不一樣？於是請會講法文的信徒了解他的背景，原來此人在澳門工作時得到重病，西醫束手無策，朋友介紹一位中醫師幫他診斷治療，病況竟然好轉，因而促使他積極研究中華文化，除了研讀佛教的教義，也學習參禪打坐，後來因為工作緣故回到法國，但許下心願，將來只要有華人需要幫忙，一定竭心盡力。雖然七、八月是法國人休假（Vacances）期間，但他寧可犧牲寶貴假期，也要投桃報李，他這種報恩的善行讓人感動，和我先前所認識的法國人截然不同，這一個反差給了我不少的啟發。

那一次大會，大師的主題演說（Keynote Speech）宣講「平等與和平」的理念，大師說：「沒有平等，哪來和平？」這句話化解了我的疑團。世間許多戰爭、歧視、霸凌事件的產生就是心中不平等，認為自己比別人優秀、聰明、高貴。如果我們以平等之心善待他人，雙方在尊重與包容的前提下，必定可以帶來和平。

以上敘述這段往事，不是要抱怨當初被不公平地對待，而是要說，當你被歧視、霸凌，不是和對方說理對抗，或是獨自一個人生悶氣，或是到處去宣說自己的委屈，而是要從事件中學到東西。因為我們沒有辦法阻止別人對我們的看法，但可以學習如何保持心靈的寧靜，不要衝動；學習如何以智慧化解仇怨，不要囤積心靈的垃圾，才不會浪費如此寶貴的經驗。

繼續怨恨無法解決問題，就像冰箱裡的菜，放久了會壞掉，如同佛陀時代的琉璃王，因為沒有化解心中被羞辱的仇怨，最後當了國王，還是將釋迦族滅絕，自己也墮入地獄受無邊苦果。所以，當我們受到歧視，不要把仇恨、悲傷一直放在心頭，或是想方設法報復，一定要學習在臭泥巴中長出清淨的蓮花，才是面對歧視、霸凌的藥方！

接下來要和各位探討，當我們碰到歧視的時候該怎麼辦，以下四個重點和大家共同勉勵：

一、注意安全，結伴而行

碰到歧視、霸凌，不要去跟人家爭鬥，因為爭鬥不見得會成功，喜歡逞勇鬥狠的人，是無明深重的人。跳開是非圈不是懦弱，而是懂得明哲保身。還有複雜的區域不要前往，若要前往儘量結伴而行，尤其是女生，更是要小心注意。

二、控制情緒，不要衝動

在《四十二章經》中，佛陀曾說：「惡人害賢者，猶仰天而唾，唾不至天，還從己墮。逆風揚塵，塵不至彼，還坌（ㄅㄣˋ）己身。賢不可毀，禍必滅己。」是說心懷惡意的人，以瞋害心加諸我們身上，就好比「仰天吐痰」、「逆風掃塵」，我們不但纖毫無損，最後受害的反而是對方。

一九九二年美國總統大選，結果老布希輸給了柯林頓。老布希一位就讀國小三年級的孫子，在學校領取營養午餐的時候，有同學取笑他：「你的爺爺輸掉了！你的爺爺輸掉了！」老布希的孫子不但沒有被激怒，反而從容不迫地說：

「我相信柯林頓也會是一位好總統。」你想激怒我，我不讓你激怒；我反而認同你，讓你措手不及，這就是控制情緒，不要衝動。

三、不要重蹈覆轍

被霸凌或是被歧視的人，內心苦悶，有氣難消，會去找更弱小的人麻煩，也就是從受害人變成加害人。在美國服務期間，偶爾在報上會看到華裔青年在校園被霸凌，因為嚥不下那一口氣，因而找幫派來解決問題，雖然看起來自己的怨氣得到紓解，但接下來幫派無止盡的需求，或是要求你加入幫派，你又如何面對？所以我們不要重複別人霸凌的習慣。

記得二〇二一年國際佛光會世界會員代表大會，青少年發展委員會主委陳澄慧講述一段孩子在美國校園受到霸凌的故事，她如何和孩子共同化解此事，值得我們參考。

陳主委的孩子吃素，在學校同學覺得他是異類，故意要作弄他，有一天惡意在他的三明治裡放火腿肉，因為味道不對，所以主委的孩子吐了出來，結果引來其他同學的哄堂大笑。校長知悉此事，特別打電話給陳主委，要她注意孩子的心理變化。等孩子回家，陳主委幾經詢問，孩子吐出實情，此時陳主委對她的小孩說：「你可以吃葷，不一定要吃素，如此就不會被欺負了。」但孩子卻說：「吃素是我的選擇，沒有人強迫，我還是會吃素。」陳主委問：「那你將來如何面對你的同學？」他說：「不要理會他們就好了。」為何一位美國長大的小孩會吃素，且不畏懼霸凌呢？因為平日他們常聽到環保救地球的理念，同時也常聽到法師們說要愛護動物、要蔬食，這些觀念已經在孩子的心中建立起慈悲的願心了。因而陳主委說：「經過這個事件，讓我深深體會星雲大師所說：『世間最大的財富不是鑽石而是信仰』。」真是至理名言啊！

四、平時與人為善

一九九八年印尼發生了嚴重的排華事件，許多華人被殺、房子被占領、商店被摧毀，比較有辦法的華人紛紛遷移到海外，但我們道場的法師、護法信徒卻沒有離開，我很擔心他們的安危，特別致電關心，沒想到答案竟然是還好，沒有受到波及。我很驚訝，問他們何以至此？原來他們做到了大師所說的「與人為善」，他們平日除了和政府、軍警建立良好關係，也常去幫助當地百姓，甚至設一間醫療診所，辦一些慈善救濟、寒冬送暖，所以災難臨頭，當地人反而挺身而出共同維護我們道場的安危，這不就是「種下了善因，得到了善果」嗎？

註1：美眾議院議長裴洛西遭控「手肘推開」女童挨批，發言人回應了。（摘錄自2022年6月28日TVBS新聞網）https://tinyurl.com/26qx6mhb

4 販賣人口該當何罪？

最近從報章雜誌、網路媒體看到一則新聞，許多台灣人被騙到柬埔寨一個專門從事國際詐騙的園區，這些被騙的人如果業績沒有達到要求標準會被毆打，甚至等到他們沒有利用價值，還會被一再轉賣，最後可能被強摘器官，魂歸他鄉。看了這則新聞，不禁毛骨悚然，在今天的文明社會，居然還會發生這種悲慘的事情，真是讓人吃驚難過。

這些從事人口買賣的人到底該當何罪？有一則人口買賣的現世報故事，可讓有惡心的人心生警惕。

這是我所認識的一位醫生的家族故事，這位醫生在求學乃至婚姻都很順利，但當他孩子出生時，全家人歡天喜地，唯有阿公看到小貝比腳掌上有一片紫青色的胎記，面色凝重，若有所思，家人以為阿公擔心孩子的身體狀況，經檢查之後也沒發現問題，阿公沒有再說什麼。等孩子長大以後，胎記也跟著變大，但沒有影響他的身體，也沒有影響他的學業，他從小到大成績都名列前茅，且考上了醫學院。

一日這位年輕人感到身體不舒服，就醫檢查發現是紅斑性狼瘡，因為自己是醫科生，對於症狀還有些了解，乃去查找相關資料，也邀同學一起幫忙研究，最後他們認為是腎盂炎，於是將結果告訴醫生父親，那知父親不以為然地說：「他是我找的名醫，哪裡會錯？」因而繼續以紅斑性狼瘡治療。

過了一年多病情未見好轉，孩子的阿公建議從醫的兒子及媳婦去參加法會，來了結和冤親債主的一筆帳，但他們沒有宗教信仰，認為這是無稽之談，沒有去理會。

又過了一年，孩子仍住院，無法回校讀書。阿公這才嚴肅地告訴兒子及媳婦，家族一個不體面的事情。阿公說：「你們的祖父以前是從事人口買賣的勾當，他們經常到南部誘拐別人家的孩子，然後送到北部販賣，並將獲得的非分之財，拿去花天酒地，從他手上賣出去的小孩就有二百個之多，而你們的祖父腳底下就有一塊和我的孫子一樣的胎記，我懷疑他是你們祖父投胎轉世的，所以希望你們去參加法會，解冤化仇，消除業障。」他們夫妻聽完這個駭人聽聞的故事，仍然認為自己是具有科學背景的醫生，怎麼可以聽信這種沒有根據的迷信說法，因而仍是不理父親的勸說。

這一段期間，這位罹病的醫科生，經常夢到一群小朋友向他索命，他將夢境告訴母親，但其母認為這是日有所思，夜有所夢。又過了一年，醫科生告訴母親：「阿公所說的因果事蹟，應該是真的，況且我至今仍認為自己不是紅斑性狼瘡，我想找另一間醫院重新檢查。」於是他們夫妻決定帶孩子到另一間醫院檢查，結果真的不是紅斑性狼瘡，而是腎盂炎，醫生還說因為吃錯藥身體已經吃壞了，如今藥石罔效。

這對夫妻聽到這個晴天霹靂的訊息後，趕緊向孩子懺悔道歉，但孩子卻表示：「這是我上輩子做了壞事，這一輩子要歸還的，我不怪你們。」同時也握住那位誤診醫生的手說：「阿伯，我不怪你，這不是你醫術有問題，是背後有好多小朋友蒙蔽你的心靈。」過了約一個禮拜這位醫科生就往生了。

這是一則販賣人口的真人真事，希望對有歹心的人有警惕作用，也希望此種人間悲劇不要繼續發生。

5 一隻無形的蒼蠅

前一陣子有人寄一篇文章給我，標題是〈一隻小小的蒼蠅，居然殺死了一名世界冠軍，你相信嗎？〉閱讀之後，我發揮柯南辦案的精神，上網查明真相，發現文章內容有兩種說法，一說真有其人其事，另一說是杜撰的。但不論其真偽，此文的內容有一定的可讀性。

故事發生在一九六五年，世界撞球錦標賽在美國紐約舉行。當一連串的比賽進入冠軍爭奪戰的白熱化階段，一名叫路易斯福克斯（Louis Fox）的選手，得分遙遙領先，只要再得到幾分就能登上冠軍寶座。

就在比賽開始沒多久，福克斯正全神貫注地準備擊球時，一隻蒼蠅突然飛來停在球上面，福克斯揮動球桿趕跑蒼蠅，哪知當他彎下腰準備撞球時，這一隻蒼蠅又飛回來，一樣落在那一顆球上面；如此趕走又飛來的窘境重複了好幾次，觀眾們看到如此滑稽的一幕，都開心地哈哈大笑。但福克斯卻怒火中燒、方寸大亂，情緒惡劣到極點，他認為蒼蠅在戲弄他、觀眾也在嘲笑他，由於心情受到影響，以致失去了剛才的水準，連連失利、節節敗退。反觀對手約翰迪瑞（John Deery）卻愈戰愈勇，最後獲得了冠軍。

自認已經唾手可得的勝利，竟然被一隻蒼蠅打亂，對於心高氣傲、在撞球場上屢得佳績的福克斯來說，這是一輩子的屈辱，他氣憤不已地離開現場。第二天早上，有人在河中發現了福克斯的屍體，他跳河自殺了。真是「一念瞋心起，百萬障門開」，令人惋惜不已啊！

類似福克斯跳河的情節，在社會上時有所聞，例如，有些人為了一個觀點，爭得面紅耳赤；有些人為了區區一百元，與朋友反目成仇；有些孩子因父母嚴厲的一句話，跳樓自殺；有些情侶志趣不合分手，卻換來硫酸的潑灑。甚至有人小學時被老師體罰，三、四十年後竟然到校園毆打昔日師長。更可怕的是古印度琉璃王，他年少時在釋迦族受辱，懷恨在心，長大以後，奪取政權，流放父親波斯匿王，殺死兄長祇陀太子，自立為王，發動戰爭，滅掉迦毗羅衛國。（註1）以上這些實例，都是因為壓制不了一時的心中怒火，所帶來的災難，這不就是「一隻小小的無形蒼蠅」嗎？

生活中，我們如何不受這一隻小小的無形蒼蠅干擾，過著清心自在、祥和安樂的生活呢？僅提供星雲大師在《佛教．佛陀》忍辱篇的兩則故事供讀者參考：

一日佛陀入舍衛城乞食，一位婆羅門不分青紅皂白，衝著佛陀就是一頓咒罵，但佛陀一點也不受影響，仍安詳前行。此時婆羅門更加生氣，抓起一把泥土丟向佛陀，此時正巧一陣風吹來，這些泥土順風飛向婆羅門，搞得他灰頭土臉尷尬不已。這時佛陀慈悲說道：「如果有人無緣無故地口出惡言，謾罵一個清淨無垢的聖者，那人將自作自受，如同惡意舉土擲人，巧遇逆風，反而汙穢了自己。」

又有一日，一位大富長者的兒子跟隨佛陀出家，他非常地生氣，去找佛陀理論，等長者罵過以後，佛陀平靜地說：「如果你家有親戚朋友來訪，你備辦飲食請他們吃飯，如果他們不接受，這些菜肴應該歸於誰來食用呢？」長者說：「當然歸我來處理。」此時佛陀說：「長者啊！你剛才罵我的許多話，我決定不接受它，所以那些話勞你再帶回去。」

接著佛陀又對長者說：「一個有智慧的人，他是沒有瞋恚心的。如果以瞋報瞋，以罵還罵，則不能算是有智慧的人；如果不以瞋報瞋，以罵還罵，不但調伏了對方，也調伏了自己。」此時長者非常地慚愧，向佛陀懺悔，並允許孩子出家，自己也成為佛教的大護法。

以上佛陀這兩則以智慧化解衝突的故事，值得我們學習。而星雲大師也說：「不要把煩惱帶到床上，不要把仇恨帶到明天，不要把憂鬱傳給別人，不要把生氣留在心上。」相信大家確實去踐履，生活上就不會受到一隻小小的無形蒼蠅影響了。

註1：請參考《奮起飛揚在人間》〈忠義傳家，談人生的堅持〉。

6 以善待人 必有善報

二〇二二年英國發生了幾件大事，其中之一就是四十二歲的前財政大臣里希・蘇納克（Rishi Sunak），在無人競爭下自動當選英國新任首相，成為唐寧街十號的新主人，不僅是英國首位非白種人首相，也是英國史上首位印度裔首相，更是英國二百多年來最年輕的首相。

其實印度裔移民很早就在科技領域上占一席之地，如谷歌 CEO 桑達爾・皮查伊（Sundar Pichai）、微軟 CEO 薩蒂亞・納德拉（Satya Nadella）、SanDisk 記憶卡 CEO 桑賈伊・梅洛特拉（Sanjay Mehrotra）、IBM CEO 阿溫德・克里希納

（Arvind Krishna）等，還有許多科技公司的CEO都是印度人。

印度裔除了在科技領域，如今在政治上也開始嶄露頭角，除了英國首相蘇納克，還有前英國內政大臣普莉提・蘇希爾・巴特爾（Dame Priti Sushil Patel）、前愛爾蘭總理李歐・瓦拉德卡（Leo Varadkar）都是，另外美國副總統賀錦麗有一半的血統是印度人。因而有人開玩笑說，十九世紀中葉英國統治了印度，二十一世紀是印度人開始統治英國。

不只如此，印度裔的移民在醫學上也有所成就，據了解在美國的印度裔醫生近五萬人，在英國有二萬五千人左右，在加拿大及澳洲也都超過一萬人以上。甚至印度裔的前愛爾蘭總理李歐・瓦拉德卡也具有醫生資格，二〇二〇年三月因新冠肺炎疫情加劇，他在擔任愛爾蘭看守總理同時，每週也會抽出一天協助看診。

二〇一九年，我在佛陀紀念館招待一位在洛杉磯南加大任教的印度籍眼科主任，他受邀來台灣講學，言談中了解到他雖是印度教徒，但對佛法有所研究，曾去過西來寺好多次；除了在洛杉磯行醫，也在印度成立基金會，專門照顧貧窮且優秀的女生就學，至今已有三十多年。雖然他在印度已經沒有親人，仍每五年會回印度一趟，實地了解基金會運作情況。為何他會成立此基金會呢？

他說，他的父親五十多年前在印度行醫，有一天在前往醫院途中，看到一群人圍著一個正在哭泣的小女孩，乃上前詢問，原來是人口販子在賣小孩，只要十塊錢美金；其父不忍，將小女孩買了下來。後來其父到美國工作，也帶小女生過去，並栽培她讀書求學，最後成為人類基因工程學博士。

因緣和合，這位眼科醫生和女孩結為連理，但婚後始終沒有子女，因為每一次懷孕都流產，卻找不出原因。一日太太夢到她的姊姊想離開人口販子卻慘遭殺害，夢醒後非常難過，醫生知道此事以後，對太太說：「我們的生活已經過得非常好，相信老天爺在給我們啟發，希望我們為人間多做一些事情。」於是醫生提出成立基金會的構想，來幫助印度有心卻無力求學的女孩，但太太很是猶豫，因為以前太窮了，只要一有錢就想存起來。後來醫生對太太曉以大義，他說：「如果當年沒有父親的幫助，相信我們也沒有今天的成就。」因而他們夫妻在一九八七年成立基金會，決定每年拿出二十萬美金，支助一些女孩在印度讀書，且讓優秀的女生到美國求學，還支付她們在美國所有的開銷，然而自己的生活卻非常的簡約樸素，真的很了不起。

不可思議的事情發生了，此基金會成立半年後，他的太太懷孕了，生下雙胞胎，其中一位很像太太的姊姊，後來他們的四個子女依序出生，且都是雙胞胎，如今都從事醫療工作。這三十年來，他們的基金會培養出十二位博士，這些博士有成就以後，也加入幫助其他貧困女生的行列，其中兩個還成為他們家的媳婦，而他的老父親如今已經九十歲了，還非常地健朗。

從這個印度裔醫生家族的善行義舉，我發現一件重要事實，那就是「積善之家，必有餘慶」。尤其看到他們成立基金會，培育印度女生，此點和星雲大師「以教育培養人才」之宗旨，設立「好苗子人才扶植計畫」，協助偏鄉、清寒、弱勢之優秀學生順利就學，為台灣社會培育優秀人才是相同的理念。難怪當我和眼科主任夫妻談到大師的人間佛教思想，他們非常認同。尤其是眼科醫生，他知道糖

慧傳法師接待印度裔眼科主任，及其夫人。

尿病會引起眼睛病變，所以更是佩服大師；年歲這麼高，眼睛看不到，依舊心繫天下蒼生，且以實際行動實踐「三好」，一再讚歎。

的確人人行三好，讓世間少了悲苦，多了歡喜和希望。因而寄望除了印度裔的族群在世界各地有好的表現，也希望不同族裔的移民，也都有好的表現，大家一起奉獻棉薄之力，帶來當地的繁榮發達，也帶來社會和諧，世界和平。

7 普中棒球　再創榮耀有感

佛光山普門中學棒球隊參加二〇二二年中信盃第十屆黑豹旗全國高中棒球大賽，在十二月四日決賽獲得亞軍，六日普門中學全校師生在觀世音菩薩聖像前，熱烈歡迎選手光榮返校。十二月十八日高中鋁棒組榮獲「一一一學年度高中棒球聯賽（鋁棒組）」亞軍，十二月二十四日木棒組獲得「二〇二二年新北富邦國際城市U-18棒球邀請賽」殿軍，十二月二十八，我們在同樣的地方歡迎他們。

此外，普門中學餐飲科師生，榮獲「菩提金廚獎」金銀獎牌，同時還有打入「一一一學年度 HBL 高中籃球聯賽」八強的普中女籃。

普門中學這些同學可以取得這麼好的成績，是他們經過挫折困難、堅持忍耐換來的。他們的努力讓我想到獲得「二〇二二年國際足總世界盃」冠軍的阿根廷梅西（Lionel Messi）隊長，他的刻苦訓練、努力奮鬥、為人處事，值得我們參考學習。

普門中學全校師生在觀世音菩薩聖像前，熱烈歡迎棒球隊凱旋歸來。

根據報導，梅西十三歲時身高只有一百二十五公分，因為他罹患「兒童生長激素缺乏症」。罹患此症如果不治療，身高可能永遠停留在一百四十公分左右，但如果要注射生長激素，每個月要花費一千美元左右。一開始梅西的父親東湊西湊、四處打工才勉強因應，後來失業無力負擔，他只好到處求助，卻都吃閉門羹，最後西班牙巴塞隆納的足球俱樂部接受了梅西，且答應為他繼續治療，就這樣梅西一面練習、一面參賽、一面治療，十年間，他從一百二十五公分，長至如今的一百六十九公分。

梅西雖然天生條件不好，但憑著後天的努力，得到無上的榮耀，成為世界上最偉大的運動員之一。他是怎麼做到的呢？我們從梅西曾經講過的勵志名言得到答案。他說：「我早起，晚歸，日復一日，年復一年，一夜成名的背後是十七年一百一十四天的訓練。」（I start early and I stay late, day after day, year after year. It took me 17 years and 114 days to become an overnight success.）又說：「你絕對可以克服任何事，只要你夠熱愛它。」（You can overcome anything, if and if only you love something enough.）他也說：「為了實現夢想，你必須奮鬥，你必須做出犧牲，必須為之努力。」（You have to fight to achieve your dreams. You have to sacrifice and work hard for it.）又說：「我不是巨星，我只想踢得更好一些。所以，請球迷不要相信梅西能夠製造奇蹟，但是一定要相信梅西不怕困難，無畏逆境。」（I am not a superstar, but I just want to play better and better. So, please don't believe that Messi can make miracles, but do believe that Messi is not afraid of difficulties and adversity.）

此外，梅西還講過一句令人動容的話，他說：「比起成為世界上最好的足球運動員，我更在乎自己是不是一個好人。當這一切都結束時，你還剩下什麼？」（I am more worried about being a good person than being the best football player in the world.When all this is over, what are you left with?）」這句話告訴我們，一個偉大的運動員，不是只有球技好，品德更要好，梅西說到做到，那是在二〇二二年卡達世足賽頒獎典禮上，梅西接下大力神盃，卡達國王阿勒薩尼（Sheikh Tamim bin Hamad Al Thani）為他披上名叫「畢希」（bisht）的黑袍後，梅西竟然像一個頑皮的小孩，抱著獎盃，彎著腰，踩著很有節奏的小碎步走向阿根廷隊中，阿根廷的其他隊員也隨著梅西的小碎步有節奏地跳動。梅西和隊員看似戲謔的舉動，其實背後深藏著慈悲的善舉啊！

因為在世界盃開始之前，梅西曾去探訪一位罹患絕症的小朋友，這位小朋友向梅西提出一個請求：「如果您榮獲世界盃冠軍，可否在頒獎台上帶領阿根廷全隊隊員跳我自創的小碎步？」梅西一口答應，如今阿根廷國家隊獲得冠軍，梅西沒有忘記承諾，在奪得冠軍獎盃後，於頒獎台上跳著小碎步舞蹈。梅西真的實踐他所說的：「比起成為世界上最好的足球運動員，我更在乎自己是不是一個好人。」

梅西除了是足球員的身分，也曾擔任「聯合國兒童基金會」的親善大使，創立了「梅西基金會」，除了支持體育運動，更致力於為兒童提供最好的教育與醫療資源，就是為了避免世界上有另一個像梅西一樣無助的兒童。另外，在二〇二〇年疫情嚴峻之際梅西捐出五十萬歐元給「阿根廷加拉罕基金會」，讓他們添購醫療設備；同年三月他又捐款給巴塞隆納的醫院以及阿根廷的醫療中心，共計一百萬歐元。其實梅西還有許多慈悲善舉，相信這些偉大的善行，在梅西退休以後，人們除了記住他是一個「偉大的運動員」，也會記住他是一個「世界上的大好人」。

8 異域軍魂 魂兮歸來

自從星雲大師圓寂以後，世界各地的佛光人都在舉行追思悼念的讚頌會，甚至各界人士，無論認識或不認識，也撰文或製作影片緬懷大師，其中有一位老報人名叫譚志東，製作了《譚兵讀武》公開在YouTube播放，其內容談到大師與孫立人將軍的互動往來，同時也提到參加「傳臨濟正宗第四十八世星雲大師圓寂讚頌典禮」的感想。

譚先生在影片中，除了介紹大師和孫立人將軍及孫張清揚的因緣關係外，也提到中國遠征軍英勇作戰，客死他鄉，最後在政府的幫助下，這些命喪異域的國

受台灣駐印度代表處田光中大使的邀請，佛光山加爾各答禪淨中心帶領眾多加爾各答地區的華人，前往印度賈坎德邦的蘭伽區，為中華民國駐印度遠徵軍公墓舉行春季祭拜法會。

軍英靈，乘風乘雨魂兮歸來的不可思議情況，讓我們了解到漂泊的遊魂安心歸鄉及真心祭奠的重要性。

影片中，譚先生訪問曾擔任過中華民國駐印度台北經濟文化中心的武官陳慧興上校。陳上校表示，他履新的任務之一就是照顧印度蘭伽軍人公墓。一日他特別前往察看公墓的狀況，發現此地一片荒蕪淒涼，有如一座亂葬崗，不禁悲從心來，他發願要好好地改善蘭伽墓園。另外，陳上校也提到此地埋葬八百多人，其中國軍約有六百多具，但只有四十多人有名有姓，其餘都是未知名的人士，令人不勝唏噓！

二〇一一年，時任外交部次長的沈呂巡應邀前往印度訪問，陳上校覺得機不可失，特別向次長報告此公墓的現況，希望能夠獲得政府的重視加以改善。沈次長順應其意，在當時的駐印代表翁文琪、陳上校及加爾各答華人的陪同下到了蘭伽公墓，看到殘破不堪的墓園，大家都不禁悲從心起。當他們進入供奉遠征軍靈位的祠堂，沈次長情真意切地說：「本人僅代表中華民國政府向遠征軍各位前輩上香致敬。」等他們出來以後，發現地面濕答答的一片，本以為這是印度的正常現象，但隨行的華人說：「此處目前是乾季，已經有三個月沒有下雨，地面會濕答答，應該是國軍英靈有所感應吧，因為這裡七十年來都沒人真正關心過，今天竟蒙最高長官來祭拜。」

沈次長受翁大使之託，回台以後，多方奔走籌措修墓經費，不久國防部部長高華柱特撥八百萬元支應。二〇一一年十二月「中華民國駐印軍蘭伽公墓」修竣，國防部派熊湘台常務次長遠道專程祭祀，佛光山駐加爾各答住持妙如法師特率當地華人，連夜搭乘火車前往主持法會佛事，並恭讀星雲大師〈為陣亡將士祈願文〉。祈願文中大師的一段話：「慈悲偉大的佛陀！陣亡將士遺留給我們後人的，不只是墓碑上的名字，不只是歷史上的往事。他們的色身雖然已經消失，但他們為國為民的精神，將與天地日月同光。」相信在印度捐軀的將士英靈，應該可以得到安歇了。

9 善待新住民 讓心靈安頓

中國遠征軍為了確保滇緬公路的暢通，也為了救出被日軍包圍的英軍，及被俘虜的美國傳教士、各國記者、老弱婦孺，被蔣委員長派往緬北作戰。他們英勇作戰，視死如歸，雖然戰功彪炳，卻有幾十萬人埋骨他鄉，七十多年來少有人聞問，為何呢？

因為遠征軍的主帥孫立人遭指控兵變，被政府幽禁了三十多年，這期間沒有人敢提和孫將軍相關的人事物，也不敢提出要為這些戰死沙場的忠魂在印度立紀念碑，或是前往祭祀，使得這些戰死他鄉的國軍英靈，湮沒於荒煙蔓草中，淒風冷月無人祭拜。「軍人不怕死，只怕被遺忘」啊！他們是無辜的、是委屈的；他們淪落他鄉，不知何去何從，漫漫長夜，輪迴路長。所以當中華民國的重要官員前去祭拜，他們乘風乘雨前來，並示現出不可思議的跡象，相信此時他們茫茫渺渺的神識，才得以安歇。

異域他鄉多年的忠魂，希望落地生根；同樣的，從世界各地嫁到台灣的新住民，他們奉獻了青春，為台灣這塊土地打拚，有時不但得不到肯定，且換來無情的對待。相信他們的內心一定痛苦不堪，後悔當初的抉擇，生起「不如歸去」的想法。

近日聽到一則新住民的故事，值得我們關注。那是二十五年前，有一位越南女子嫁到台灣，任勞任怨地協助丈夫打拚事業，可惜沒有子嗣。一日越南新娘不慎發生工安意外，斷掉一隻手掌，後來先生因故往生，將財產遺留給她，本以為這樣可以在台灣安享餘年，哪知夫家的親友，覺得她傻傻可欺，竟然利用法律漏洞霸占了她所有的財產及房地產，更可惡的是還將她的身分證件銷毀，且將她掃地出門。被趕出門的越南新娘，為了抒發內心抑鬱不平之氣，經常大聲吼叫，因這個緣故，被人誤以為精神異常，將她送到精神病院。因為沒有身分證明，院方花了一些時間，才查出她的相關資料，乃通知她的夫家將她領回，沒想到夫家避而不見，故意不去領回，她就像人球一樣，被推來推去，不得已只好繼續留在精神病院。

幸好天無絕人之路，越南新娘的一位同鄉，是一位佛教徒，有一天輾轉知道她的悲慘際遇，乃心生慈悲去了解情況，經過一番的追查確認，終於在精神病院碰到她。越南新娘見到這位師姐竟然跪下來央求她幫忙，並說出自己是如何被夫家陷害。這位師姐知道她精神上沒有問題，乃透過各種方法將她領了出來，供她吃住。

一日，師姐問此女，越南還有家人嗎？有想要回去嗎？此女說很想，但已經二十五年沒回去，且證件都被銷毀，根本忘記自己老家的正確住址，僅約略知道是在越南的某一個區域。想不到這位師姐，竟然猜出此女約略住處，透過越南當地戶政人員的協助，終於找到她的家人。但此女的父母已經過世，還好弟弟願意接納她，因為弟弟認為姊姊當初遠嫁台灣，家裡運用這十萬塊的聘金，才改善生活，姊姊為這個家犧牲太多了。

這位師姐聽到此女的家人如此有情有義，迴異於夫家之人的冷血無情，大受感動，乃大發慈悲心要送此女回越南，讓她受傷的心靈得到治癒。此外，這位師姐還發願，要將精神病院十來位同鄉救出來，讓她們得以返鄉，不致淪落台灣無人聞問。

當我聽到這位越南新娘的際遇，內心有很多感觸。早年越南女子迫於生活，遠嫁他鄉，為台灣這一塊土地做了一定的貢獻，本應該受到好的禮遇，哪知卻得到無情的對待，真是情何以堪！因而我們對遠嫁來台的新住民應該要關心照顧，不要讓她們流浪他鄉，否則她們的心情會和異域孤魂一樣，急切要找到一條回鄉的道路。

而對於這位師姐，能夠伸出援手，勇於踐履大師「排難解紛不是閒事」（註

1）的主張，除了深表欽佩，也相信她就是人間佛教的使者，是救苦救難的菩薩。

註1：星雲大師《往事百語・排難解紛不是閒事》提到：「排難解紛，能結好緣，能積善德；能化干戈為玉帛，能轉暴戾為祥和；是推己及人，兼善天下；是福慧共修，自利利他。如果每個人都能將排難解紛視為自己的本分，則人類紛爭當可減少，世界和平也是指日可待之事。所以，排難解紛是正正當當的好事，不是閒事。」

10 夏威夷茂宜島大火看到人性

南台灣近幾年的降雨量不多，今年（二〇二三年）由於受到接踵而來的颱風與西南氣流的影響，台灣各處的水庫幾乎都是呈現滿載或是達到百分之九十的現象，蓄水量最大的曾文水庫，也已經超過七成以上，且持續湧入。佛光山對面的高屏溪也已經看不到沙丘，只看到寬闊溪水緩緩東流，我見狀內心踏實多了，今年南部應該不會缺水。

今年下半年雖然不必擔心缺水，但七月底八月上旬的幾次半夜大豪雨，卻讓人驚心動魄。當台灣受到風雨影響的這一段期間，從媒體知悉，世界各地很多人

夏威夷茂宜島慘遭野火侵襲。

因為高溫造成熱衰竭、中暑，甚至於有人因此往生。大陸北方也因為「杜蘇芮」颱風的影響，帶來強降雨，造成嚴重的災情，連北京故宮博物院也受到波及。世界著名的度假勝地夏威夷第二大島茂宜島（Maui），因天乾物燥提供野火蔓延的燃料，加上破壞力十足的強風助長，火焰燒向人口密集的地區，讓度假天堂變成人間的煉獄。

正當大家為極端氣候所帶來的災難，感到痛心難過之際，竟有人缺少同情心、同理心，講出、做出不得體的事情，如，政治人物被問及對夏威夷野火死亡人數不斷增加有何因應之道，卻笑笑地回答：「不予置評。」又當夏威夷災難發生後，夏威夷州政府請求當地遊客儘速撤離，也呼籲旅客暫時不要前往，但有名媛卻帶著家人到此開心戲水，完全不理會這個海域剛剛燒死、淹死許多人，讓那些倉皇逃生的居民，重回被燒成灰燼的家園時，看到他們開心地游泳、浮潛、衝浪，真是情何以堪。還有房地產開發商竟然在此節骨眼，聯絡災民洽談土地買賣之事，全然不顧災民仍沉浸在恐慌哀傷的情緒中，冷血程度令人驚愕！

但也不是人人都是如此，還是有些社會名人在社群媒體表示哀悼，同時呼籲此時此刻不要前往茂宜島旅遊，也幫忙宣傳捐款窗口，共度難關。尤其主演《水行俠》的好萊塢男星傑森摩莫亞（Jason Momoa），因為老家位於夏威夷，多了一分血濃於水的感情，更是大力疾呼：「夏威夷需要時間來癒合和重建，希望島上的遊客愈少愈好，不要占用已經相當有限的資源。」他的懇求就是希望飯店騰出更多的房間讓災民入住，讓救難人員儘快將物資送到災民手上，不要因為旅遊人潮，影響了救災速度，他的高尚行為，不就是三好的典範嗎？

災難發生後，有人落井下石，有人熱心救援，有人冷漠無情，我們是佛光人，應該懷有三好精神，雖無法前往救災，但可以支持夏威夷佛光山、佛光會就近幫助。還有正逢農曆七月，我們可以為亡者祈願，求生佛國淨土；也為生者祝禱，希望他們節哀順變，讓此心香一瓣的好心，帶來生亡兩利。

11 人有誠心　佛有感應

二〇二三年，夏威夷茂宜島發生大火，造成嚴重傷亡，關於野火的起因，各種陰謀論四起，有人說是電線掉落在乾草堆引起；有說此地擁有全世界最大的災害警報系統，火警發生時卻失靈，一定有鬼；也有說房地產開發商縱火，以便獲取珍貴的土地；還有說，美國軍方測試「激光武器」所致。總之因為沒有直接的證據說明，所以我就不去妄下論斷。

夏威夷野火的起因雖眾說紛紜，但我們從夏威夷佛光山住持依宏法師的報告中，聽到一則奇蹟的事情。有位住在茂宜島拉海納（Lahaina）的信徒譚小梅師

夏威夷茂宜島慘遭野火侵襲。

姐，因學佛多年且天天誦經，也禮拜觀世音菩薩有二十多年，事發當天，她人在外地，當第一時間知悉此事，心想房子應該全部焚毀，由於學佛的關係，知道擔心懊惱沒有用，乃勇於接受無常。過了幾天房客告訴她，她家四周的房子基本上都摧毀了，唯獨她家的三棟房子絲毫無損，讓她驚喜不已，所以當她從外地趕回，專程到夏威夷佛光山感謝諸佛菩薩的護佑，讓她躲過此浩劫。（註1）

此不可思議的事情，讓我憶起

兩件往事。約在一九九三年，南加州有一個社區發生火災，造成七百多間房子化為灰燼，二萬五千多人無家可歸；但卻有一棟房子安然無恙，只破了兩塊玻璃，令人嘖嘖稱奇。事後有人訪問屋主，是用什麼方法躲過此劫，他一下子也說不出原因，經過一陣閒談，他說如果真有什麼奇蹟，應該是蓋房子的時候，特別請了出家人前來灑淨加持，因為自己是一名佛教徒。

另外一件事是，我們有一位名叫周學文的信徒，是中華古今人文協會理事長，他三十七歲創業，雖認真打拚，卻連續三年虧損；母親知悉後，告訴他們夫妻，是缺少福報的關係，乃引薦他們到佛光山福山寺當義工、參加法會。說也奇怪，從此公司漸漸轉虧為盈，還在二〇一一年得到政府金商獎（優良商人獎）的榮譽。

但好景不常，隔年周學文的工廠遭祝融，燃燒殆盡，唯獨張貼在廠房入口大門柱子上的「龍天護佑」春聯安然無恙，這春聯是星雲大師二〇一二年的新春賀詞。有鄰居看到工廠焚毀，春聯卻完整，乃問：「工廠都燒掉了，龍天有護佑嗎？」理事長的同修回答道：「幸好有龍天護佑，所以沒有殃及鄰居；幸好龍天護佑，所以沒有人員受傷。」（註2）他們夫妻面對無常的態度，令人動容。

從以上三則真人真事，我有幾點感悟。

一、業力不可思議：為何一場災難，有些人受到傷害，有些人卻逃過一劫，其實這和佛門所說的「別業」和「共業」有關。星雲大師在《迷悟之間》〈生命的密碼〉提到：「為什麼有的人同生在一個家庭裡、同生於一村、同生於一族？這都是『共業』。各方的人士同在一條船上，或同在一架飛機上失事了，有的人命喪黃泉，有的人大難不死，這就是『共業』中又有『別業』的不同。」我想這個觀點已經說明了，為何有些房子被燒，有些卻能安然度過。

二、佛力不可思議：如何躲過劫難呢？《觀世音菩薩普門品》有這麼一段話可以參考：「若有持是觀世音菩薩名者，設入大火，火不能燒，由是菩薩威神力故。」這段經文的意思是，稱念觀世音菩薩聖號的人，如果遭受到大火的圍困，也不能令其受到火焰的傷害，這說明了佛力不可思議。

三、勇敢面對無常：從以上三則故事可知，無常何時來到，我們無法預測，同時也不知道面對業力牽引，會發生什麼樣的結果，因而平日多學佛、拜佛、行佛，多行三好，面對無常時，比較能夠接受衝擊，同時在諸佛菩薩的庇佑下重業輕報，也會得到許多助緣，讓我們度過難關。

註1：2023.08.29《人間福報》〈茂宜島野火下的天選之屋　屋主佛光人：菩薩加持〉。https://www.merit-times.com/newslistdetail_tw_1.php?id=30037

註2：請參考《星雲大師全集．附錄．人間佛教翻轉生命的故事》〈有佛法就有辦法1〉。

12 不平靜的父親節

今年（二〇二三年）的八月八日父親節不太平靜，夏威夷茂宜島拉海納（Lahaina）大火，造成上百人的死傷，至今仍有千人以上失蹤不知去向。而十五年前的二〇〇九年八月八日莫拉克（Morakot）風災橫掃台灣，挾帶著超級巨大的強風豪雨，造成人民生命財產極大損害，尤其南部。

莫拉克風災的前一天，我正好前往台北世貿二館，參加「二〇〇九國際龍獎IDA年會」，並以貴賓身分代表星雲大師致辭。開幕典禮結束後，我隨即搭計程車前往高鐵站，因為受莫拉克颱風的影響，當天風雨很大，車子全部停駛，偌大的車站看不到半個人影。於是我趕快前往台北轉運站，了解有什麼車子可以回高雄。到轉運站時發現這裡已經人山人海，大家都焦急地詢問南下的班車，想不到每一家客運公司的班車都是客滿；這時我看到統聯有車南下，但只能登記候補，也許佛菩薩看到我歸心似箭，等候約莫半個小時，被通知可以上車，真是開心，也鬆了一口氣。

由於受到風雨的影響，車子在高速公路行駛的時候，感覺到在晃動，尤其越往南部越是明顯，心知此次颱風非同小可。好不容易到了「高雄捷運技擊館站」下車，都監院文書已經在那裡等候，開車送我回山。經過事後了解，如果再慢一點離開台北，可能就無法南下了，幸好致辭完畢當下決定快點回到佛光山，否則接下來救災工作恐怕無法順利參與。

回到山上風雨漸漸變強，到了半夜更是風雨交加，隔天早上天一亮，我馬上和文書們出來巡視，發現佛光山受到不同程度的損害。我除了帶領大眾儘快恢復寺容，也了解本山食宿、水電是否安全運轉。另外，從新聞媒體以及各地道場的報告，了解到中南部受到嚴重的摧殘，乃快速彙整各種災情，向仍在海外弘法的星雲大師報告。大師立刻指示在總本山成立「佛光山救災中心」，並任命我擔任總指揮，動員全台各地道場全力配合投入救災各項工作，並和高雄、屏東、台南、嘉義、台東縣政府等相關單位配合賑災；也要求南部道場提供災民作為臨時安置場所，同時指示佛光山和佛光會捐贈一千萬元給政府從事救災。當大師登高一呼拋磚引玉，兩岸三地佛教界立刻響應，分別贊助五百萬的人民幣及港幣，吳伯雄榮譽總會長也跟進捐出二百萬新台幣。

由於災情嚴重，政府特別在旗山國中設立「救災指揮中心」，因而一架次一架次的直升機將災民陸續從六龜、甲仙的山區救了出來，由於佛光山旗山禪淨中心鄰近旗山國中，大師指示我們在道場設立安置中心，照顧驚魂未定的災民；同時指示慈悲基金會在旗山國中設立醫療服務站，就近服務災民。所以這一段時間我時常佛光山、旗山兩邊跑，但往旗山的台29線公路，因為「旗山溪」潰堤，從「旗尾」開始，道路被淹沒，乃被迫從燕巢的方向進入旗山，本來只要二十多分鐘的路程，變成要一個多小時。

由於入住的災民愈來愈多，甚至於高達三百多人，需要補給的物品也愈來愈多，幸好佛光山、佛光會及各界源源不絕地供應，暫時不虞匱乏。唯一掛念的是用水，因為水塔的水僅一天左右就用罄，消防隊來不及補充，加上旗山地區停水、停電，真是苦不堪言。

值此之際，佛光山功德主也是佛光會清水分會督導宋孟政知悉此事，馬上要求員工連夜開著三十五噸水車抵達佛光山，每天負責從佛光山裝純淨的水，運到旗山禪淨中心注滿水塔，且將車上剩餘的水，送到街上供當地民眾使用。擔心大家不知道有乾淨的水可用，旗山佛光童軍團還主動到大街小巷廣播周知取水地點，當懸掛「佛光山救援專車」布條的車輛一到，人人拿著水桶歡天喜地來裝水，此時此刻我們化身為有求必應，尋聲救苦，「千處祈求千處應，苦海常作渡人舟」的觀世音菩薩了。

還有旗山的信徒，雖也是受災戶，但知道常住設立安置中心，一定有很多事情需要協助，二話不說，放下家裡的清掃工作，趕至道場協助法師處理救災工作。當信徒工作暫告一段落準備回家，法師知道他們家裡無水可用，乃告訴他們可在道場盥洗完才回去，但他們都婉拒了，寧可回家辛苦收集雨水，也堅持要把珍貴的水源留給災民使用。他們這種不居功、不張揚，自動自發、默默行善的精神，不就是《華嚴經》所說「不為自己求安樂，但願眾生得離苦」的菩薩境界？他們這種護持道場、愛護常住、幫助眾生的精神，真是我們佛光人的表率，我們三好的典範啊！

13 集體創作 共度難關

二〇〇九年八月七日深夜十一點多，莫拉克颱風從花蓮登陸台灣，帶來驚人的雨量，尤其南部地區可以說是豪雨強風不斷，因而國軍的救援部隊，無法深入重災區（如那瑪夏、桃源鄉）大規模的救援，只能靠著小型的救護直升機，陸續將少部分人救出。直到十三日天氣漸漸穩定，救災指揮中心決定使用軍用運輸直升機，大規模將災民從重災區救出，但這麼多受災鄉親要安置到哪裡呢？高雄縣楊秋興縣長知道星雲大師是救苦救難有求必應的大菩薩，乃請求大師幫忙，大師二話不說立刻答應，就這樣我們在「佛光山福慧家園」設立了「佛光山安置中心」。

早上十點左右我接到大師的指示，受災鄉親下午兩點會送到佛光山，當時我心想，要在短短四個小時之內，完成安置作業，真是一大考驗，幸好佛光山僧信四眾都習慣了集體創作的運作，一聲令下大家全力動員，叢林學院學生清理場地、鋪設床具；大慈育幼院成為受災鄉親盥洗及領取乾淨衣服的地方；慈悲基金會準備各種醫療用品，隨時為災民服務；佛光會負責籌集安置中心所需的物資；雲居樓及朝山會館負責三餐的供應；工程單位保證水電正常運轉，冷氣可以二十四小時開放；都監院負責統籌所有行政工作，帶領僧信四眾從事各種服務協調工作及突發事件。

因擔心鄉親們到一個新環境不能適應，隔天一大早我前往福慧家園，關心大家是否習慣新的生活。到了現場，竟然聽到此起彼落的打呼聲，心想鄉親們睡得這麼熟，應該不再恐慌，不再擔心安危。見此情景，駐點於此的社工人員感動不已，就連高雄縣社會處的長官也為之動容，他們表示，這是他們在處理災難事件所沒有見過的現象。

到了十五日，楊縣長特別前來福慧家園關心受災鄉親，並到傳燈樓向星雲大師說明高雄目前的救災狀況，同時感謝大師在第一時間全力幫助，不但在旗山禪淨中心設立安置中心，又在佛光山提供這麼好的安置中心，讓惶惶不安的鄉親，心靈暫時得到舒緩，讓縣府不用煩心，更有餘力從事他處的救災工作。

大師則讚揚楊縣長對所有縣民安危的掛心、受災鄉親的盡心照護，且表示縣府有任何需要，佛光山會全力效勞。最後大師送給楊縣長一幅「度一切苦厄」的一筆字，很明顯地在鼓勵楊縣長，勇敢地面對各種挑戰，團結各種力量，通力合作，幫助縣民、受災鄉親度過難關，此時此刻縣長就是「度一切苦厄」的觀世音菩薩。

另外暫住在福慧家園的受災鄉親，也在十五日成立「自治會」，下設「松年組（即銀髮族）」負責原住民母語及祭典「報戰功」儀式的教學；「社青及青年組」負責小孩教育及讀書會；「婦女組」負責清理環境及環保；「保安組」負責門禁管制及夜間巡邏。

組別分配後，鄉親就共同面對社福救助、環境衛生、小孩教育、保安、交通等問題進行討論。另外，鄉親們制定了共同生活公約，並規劃檳榔區、吸菸區，且規定大家每天量體溫，若有高血壓及糖尿病患者每天量血壓與血糖等，展現原住民團結、服從領導的特色。

隔天，鄉親的青年和本山義工帶領上百位小朋友分組做各種遊戲，且開始上課教學；婦女們自動自發掃地拖地，且清潔安置中心外圍的環境，並幫忙分發便當、資源回收；另有在桃源鄉衛生所服務的陳小姐和托兒所服務的柯老師，主動穿上佛光會會服坐在服務台，以原住民語為族人處理報到、填表、安單等手續，陳小姐表示，當義工是唯一能協助族人的微薄奉獻。還有當救援物資抵達時，原住民鄉親會主動前來幫忙搬運。

另外，自治會會員看到陽光普照，立刻號召大家將睡袋及墊被拿到操場曝晒，然後婦女們隨即清掃擦拭地板，消毒各個角落，全體環境整潔以後，又會按照不同的村莊安排住宿的空間，讓原本分開住宿的好朋友又可以做鄰居了。有一位原住民鄉親表示，佛光山已經對我們太好了，我們應該自立自強，照顧自己，不能夠什麼事情都要麻煩佛光山。

由於大家都動員起來，福慧家園因此少了愁眉苦臉、唉聲嘆氣的苦悶氣氛，開朗光明的陽光已逐漸穿透大家的心房，讓整個安置中心有了歡喜和笑容。令高雄縣府社會局的人員不斷豎起大拇指，直說這個安置中心已經成為居民的大家庭了。

在安置中心除了看到自治會自動自發管理外，也看到各地來的義工投入服務。有些來義剪、送嬰兒物品；有些協助災民外傷治療、量血壓等；有些來協助驗光、配眼鏡；有些製作麵包、饅頭送來讓鄉親們享用；也有賣蔥油餅的店家，特地將餐車開來福慧家園，分享熱騰騰的餅；原住民歌手，唱歌為族民打氣；本山提供的雲水書車，豐富的圖書，成為小朋友充實心靈，忘掉煩憂的最佳去處；也有來自桃園警大的百多位同學，前來協助清掃普中舊校區（在佛光山）災後水溝淤泥，及教室地面、門窗的整潔。

還有許多學校的學生也紛紛前來當義工，尤其剛搬到新校區（大樹大坑）的普門中學師生常就近前來服務。猶記得一位看起來約四十多公斤瘦小的女生，竟然可以從卡車上扛下一袋五十台斤（約三十公斤）的米，嚇得男生們都瞠目結舌，原來當人進入無男女相、大小相、輕重相，忘我的服務，他的潛力是無窮的。就好像小時候的鳩摩羅什，到了寺院，因為好玩，竟然不費力地舉起燒香的鼎，圍觀的人紛紛讚歎，此時他才警覺很重，結果鼎就摔落下去，想再舉起也無法動彈。因為萬法由心生，在他沒有思量分別時，本來是重的鼎，他可以扛起；但心生思量分別，本來不重的，也變成重了。

也許是福慧家園安置中心名氣很大，各界名流也紛紛前來探望原住民鄉親。影視明星林志穎於十八日傍晚到此關懷，親和力十足的他，一下子就與大眾打成一片，尤其小朋友們更是開心地爭相擁抱合照。二十日資深媒體人陳文茜也到福慧家園探視受災民眾，隨後與星雲大師會面，大師除了致贈她「文心風華」四字墨寶，同時也講述本山如何以「尊重與包容」的態度照顧原住民鄉親。

陳文茜表示，安置在本山的民眾和其他安置中心不同，人人面帶笑容，尤其小孩的眼神充滿希望，又很守紀律，像是在天堂，大師提倡的「給人信心、給人歡喜、給人希望、給人方便」讓她相當感動。因而「文茜小妹大」製作團隊，特於二十四日專程來山採訪賑災實況與安置災民的感人過程，並於二十九日在「文茜的世界周報」播放，且撰寫一篇〈地老天荒　人間有情〉描述本山安置中心的情況，她表示第一次明白「地老天荒」的原意，因此有感而發：「人那麼執著有形的家產，但只有無形的人間之情，才是真正的依靠。地會老，天會荒；只有佛光山，人間真有情。」

另外，十八日余紀忠文教基金會董事長余範英，來到安置中心，感受到此地和樂自在，沒有隔閡、沒有壓力，彷彿置身於原住民部落之中。二十一日薩爾瓦多共和國新任駐華大使尚塔那來訪時表示，在這裡看不到愁眉苦臉的人，也聽不到抱怨、哀傷的音聲，整個環境充滿和樂的氣氛，看得出佛光山大眾對原住民的用心照顧。接著薩爾瓦多電視台的工作人員也前來拍攝，當看到原住民們的歡喜表情，忍不住表示，他有好幾個佛教徒的朋友，曾告訴他有關佛教的道理，直到今天他才懂得這些道理，因為佛教是充滿愛與包容的宗教。

二十三日國民黨主席吳伯雄率祕書長吳敦義、多位立委、民代到佛光山福慧家園探訪受災民眾，並拜會星雲大師。吳主席表示，佛光山的收容中心讓人覺得很自在，雖然很多人不是佛教徒，但大師提供了很多方便，他以身為佛光人為榮，國民黨必須向所有努力付出的佛光人表達最高敬意。大師也表示，此時此刻大家都是一家人，只要有信心、團結在一起，不論何種災情、苦難都能得救，絕不會被災難打倒；目前批評、對立的風氣不能繼續擴散，很多災區民眾心地善良，不但沒有怨言，還口說好話。佛光山的收容中心沒有宗教對立、種族對立，這幾天許多原住民不但「阿彌陀佛」不離口，甚至有位牧師接受媒體訪問時說，感謝佛祖讓我們達成上帝的交代。

當各界如此動員起來，政府相關部會也沒有閒著，有中華電信來裝設免費電話；台電人員前來關心用電情況；戶政人員及中央健康保險局協助民眾辦理登記身分證及健保 IC 卡；勞工部門來協助工作登記，讓原住民鄉親「以工代賑」清掃福慧家園，一起維護安置中心的整潔。高雄縣衛生局也為零至五歲的幼兒施打疫苗及補登記、分發兒童健康手冊，同時宣導預防腸病毒、新流感等觀念，希望大人帶著小孩一起勤洗手、戴口罩，以防病情流竄、影響身體健康。

由於「H1N1 新型流感」疫情逐漸擴大，為了避免病情蔓延，行政院衛生署疾病管制局也於二十五日在福慧家園安置中心門口處架設「紅外線熱影像儀」，透過機器為進出的大眾進行溫度測量。

十八日國防部副部長趙世璋率同各部會負責人，到福慧家園安置中心傾聽原住民鄉親的心聲，並保證對於安置重建、組合屋設置地點、道路橋梁重建、放寬增劃保留地、貸款延付利息、就業、就學、醫療、救濟金發放等問題，會加快腳步完成，解決大家揮不去的夢魘。十九日總統馬英九更親臨福慧家園安置中心面對面傾聽災區民眾心聲，對於民眾多項訴求，都給予正面回應，贏得鄉親一致的掌聲。

十九日「日本國際協助機構」（JICA），派遣研修訓練課長神內圭、緊急救護課隊員岡崎裕之二位勘災專家到佛光山福慧家園了解賑災需求，神內圭稱讚佛光山在醫療照護方面做得很好。二十二日再次來佛光山福慧家園，針對安置中心的環境衛生以及疾病預防做了解，實際勘察過後，JICA團隊對我們深深一鞠躬，並表示佛光山對受災民眾的照顧比日本賑災作業做的還要到位，讓他們很感動。

因為有星雲大師「尊重與包容」的最高指導原則，安置中心各項服務作業都非常順利進行，因而自治會的幹部表示：「佛光山是佛教勝地，卻沒有放棄大多信仰基督教的山區原住民，他們不分任何宗教，就是齊心要幫助我們，讓我們同胞很感動！」

1 88水災特別報導　人間福報 Merit Times　2009年8月20日 星期

傾聽災民心聲 總統赴佛光山安置中心

【記者黃揚明大樹報導】「我們來晚了！」馬英九總統昨天先後到高雄縣甲仙鄉小林村和佛光山安置中心，面對面傾聽災民心聲，座談會開始之前，他率同行的中央部會首長全體向災民鞠躬十秒鐘，並當場承諾越域引水工程無限期停工、「讓回家的路儘快修好」，及在任期內完成小林村遷村至五里埔。

「總統，我們要回家！」安置於佛光山的高雄縣桃源鄉、那瑪夏鄉災民提出「儘速搭建組合屋」、「全力搶通回家的路」、「越域引水永久停工」、「罹難者國家賠償」、「災區學子三年學雜費全免」、「災民貸款延緩五年繳交」等多項訴求，各部會代表均有正面回應。

營建署長葉世文指出，曾向原民會申請優惠房貸而在此次風災中遭沖毀的屋主，未清償部分將不需再還，由政府概括承受，民間銀行貸款部分也會協調金管會提供同樣待遇。

原民會主委章仁香表示，今天起原民會將前往各安置中心，發給受災戶每戶一萬元急難救助金，若親屬死亡發放五萬元、重傷發放三萬元，受災資格將從寬認定；另並提供為期六個月的以工代賑工作機會。

佛光山都監院院長慧傳法師則向馬總統表示，星雲大師已指示佛光山普門中學，除提供三民國中一百二十位學生寄讀外，並負責住宿，使無後顧之憂，此外並將開放佛光山教育體系學校名額，免費供災區學子就讀。

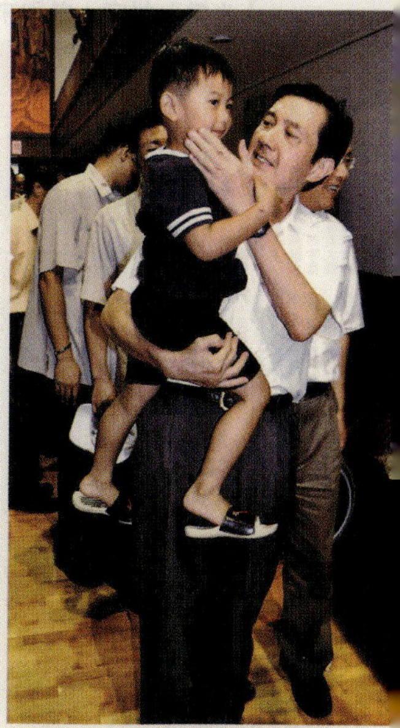

總統馬英九昨日至佛光山安置中心探視災民，並抱一位孩童慰問。　圖／中央

2009年8月18日 星期二 3版

另類財富

期待彩虹

「莫拉克」重創南台灣，更打亂了全台的步調；外在的熱帶低氣壓走了，但，因著災情的慘重，發生太多的悲苦事件，國人心中的低氣壓遲遲化不開。若再想著後續的重建工作，心中的苦痛就愈形巨大，那簡直是生命中無法承受之痛了。

從一個家庭中小孩的就學、大人的就業、家庭的安置問題，到全體受難人員的短期及長期安住問題，短期安住是先去租賃，還是住組合屋？長期安住則要考量是走出深山，從此住在平地？還是期待政府運用公權力，將山地好好重整一番後，再回去住？千頭萬緒，都不是馬上可以見到成效的。

所幸，安置中心的受難國人已逐漸走出悲情，成立自治會，好好地面對生活。讓下一代見識到長輩無論遇到怎樣的情境考驗，正常的生活組織還是一樣地運作著，這是一個部族、一個國家之所以傳承不息的生活教育，處理危機的認真態度。

一大堆人在嚴重指責政府應該趕快做什麼的時候，早就有一群義工，向公司請假投入救災工作；在災區有人揚言要提國賠的時候，真正的重災區已經有人決定要以自己的力量，趕快返鄉，讓生活恢復常態。

看著灰色的雲層逐漸堆積，有人擔心要下雨了；但有人期待想遇見雨後的彩虹。

面對苦難時，最能看出一個人的人生觀、生活態度。面對生命的難題時，你是如何選擇呢？（苗方）

《人間福報》88 水災特別報導。

14

天災無情　人間有愛

從〈不平靜的父親節〉、〈集體創作　共度難關〉這兩篇文章，我提到了莫拉克風災，帶來台灣南部的嚴重創傷，雖然滿目瘡痍，慘不忍睹，但人間有愛，撫平了許多人的哀傷，也帶來希望和光明。因而文章裡面特別提到佛光山及旗山禪淨中心的安置情況，也說明了佛光山僧信四眾在星雲大師的帶領下，如何真心誠意地幫助原住民鄉親度過難關。因為大師很明確告訴我們：「尊重原住民的宗教，包容原住民的習慣」、「救災要給對方尊嚴」，因而發展出許多令人讚賞的感人事蹟，如今一一和大家分享：

八八風災重災區民眾安置於佛光山福慧家園。

尊重原住民的宗教

當佛光山福慧家園安置中心都安排妥當，大師知道此時此刻原住民需要信仰的撫慰及依靠，指示我們協助將原住民依歸的神職人員帶來佛光山，同時囑咐我們撥出一個空間，讓原住民可以在此禱告禮拜，穩定不安的心靈。

記得有一天一位牧師正要離開福慧家園，當經過安奉在裡面的一尊佛像時，正巧被一位記者看到，乃問：「你是一個神職人員，從偶像旁邊經過，你有何感想？」

牧師回答：「感謝佛祖，讓我完成上帝交代的任務。」

又有一天，記者看到安置中心的中間擺放一尊佛像，乃問小朋友：「你們每天睡在佛像的旁邊，會不會影響你的信仰？」小朋友說：「我每天對著佛祖，向上帝禱告。」

本來原住民鄉親都在福慧家園附近活動，一日負責大雄寶殿的法師告訴我，有原住民小朋友到大雄寶殿，拿出一百塊錢要投功德箱，法師知道他們是暫住福慧家園的孩子，好心提醒：「你們現在正需要用錢，留下來自己用吧！你們這一分心，佛祖已經知道了。」這時一位小朋友說：「沒有關係，我們要奉獻，這樣上面的佛祖就會保護我們。」

在「八八水災高雄縣各宗教聯合祈福祝禱大會」，星雲大師撰寫了一篇各宗教聯合祝禱文〈為莫拉克颱風水災災情祈願文〉，開頭如此寫道：「慈悲偉大的人間各宗教教主！您的信徒都站在這裡，虔誠地向您祈願！」從這裡可以看出大師對各宗教的尊重與包容。

包容原住民的習慣

除了信仰，大師也指示我們在生活方面要給原住民鄉親各種方便，於是我們和自治會成員開會，了解他們的需求，因而有了「檳榔區、吸菸區」的設置。

另外，考量到原住民鄉親大都是吃葷的，擔心他們不習慣我們提供的素食，所以大師慈悲指示，可以帶他們到山下吃葷，費用由我們來支付。記得第一次帶他們去吃葷，浩浩蕩蕩的千人隊伍，從福慧家園走到山下，非常壯觀，媒體朋友不知道從哪裡聽到這個訊息，蜂擁而至，問鄉親們：「你們要去哪裡？」想不到鄉親們竟然如此回答：「這是私人行程不方便說。」有些則回答：「不好意思，請不要問我。」他們認為佛門聖地怎麼可以說要出去吃葷，這是對佛光山的一種尊重，鄉親們這一份體諒的心讓人感動。

當鄉親們要離開佛光山時，竟然如此說道：「佛光山的素食很好吃，尤其豆腐乳，讓我多吃了好幾碗。」也有人說：「我已經習慣吃素了，本來有高血壓，現在恢復正常了。」總之，我們盡最大的努力，依照星雲大師的指示，讓原住民鄉親歡喜自在，沒有寄人籬下之感。

《孟子‧離婁》下篇說：「愛人者，人恆愛之；敬人者，人恆敬之。」人與人之間的關係，愛和敬總是相互的，因此應常常自省平日對大眾有沒有慈悲心？凡事有沒有先替他人著想？有關心別人、愛護別人嗎？我們先要「心中有人」，隨時給人慈悲關懷、體諒寬容，才能獲得相同的對待。這是摘自《星雲法語‧如何給人尊重》的一段話，真是一點也沒有錯啊！

救災要給對方尊嚴

由於已近八月下旬，災民中的大人們擔心孩子的功課趕不上進度，特別交代就讀大學的青年，要好好輔導弟弟妹妹的功課，此舉讓人感動，鄉親們不去煩惱將來生活問題，反而擔心自己的子弟課業是否趕得上。

另外，由於莫拉克颱風的肆虐，位於山區的三民國中（今改名為那瑪夏國中），被土石流全部摧毀，但開學在即，王世哲校長擔心學生無處上課，於是向普門中學求助。大師知道以後二話不說，隨即指示我們趕快整理普中的教室供同學們上課，也動用佛光山的工程單位搭建食宿、盥洗場地，且要求我們十天之內完成，好讓一百多位同學可以如期上課。

開學的前一天下午，大師來巡視工程及安置狀況，三民國中王校長正好在現場，立即趨前向大師道出十二萬分的感謝，解決他們的開學難題，此時大師卻淡淡地說：「謝謝你們給我們有服務的機會，如果有什麼需要，請不必客氣，要讓我們知道。」當下在場的人都紅了眼眶，這是多麼偉大的胸懷！

之後鄉親們陸續回到自己的家園，佛光山慈悲基金會特別前往部落，傳授他們如何做紅肉李果醬及其他副產品，且代表常住邀請他們隔年農曆春節，來佛光山參加「攜手同圓——原鄉歌舞暨農特產品展售會」，讓大眾知道他們站起來了，他們可以靠著自己的力量堅強地生活下去，這就是大師所說的「救災要給對方尊嚴」。

原住民鄉親的肯定

一位八十八歲的那瑪夏原住民金阿嬤對記者說：「我這一生中，從來沒有下過山，第一次下山竟然到佛教的地方，這讓我非常不安，尤其在安置中心福慧家園有一尊佛像，內心更是惶恐，因為我的信仰是不可以接觸偶像，所以這段期間我頭都不敢抬起來。」接著又說：「但是幾天的相處，從大家的言談、活動中，發現住在這裡的原住民鄉親，沒有哀傷孤單的感覺，小朋友也在操場嬉戲玩耍，歡笑聲不斷，和部落的生活沒有兩樣。」最後金阿嬤說道：「相信佛光山是上帝祝福過的地方，幾千人住在此地，沒有紛爭只有愛，會安置在這裡，一定是上帝的旨意。」

大師告訴我們不要對他們宣說佛法，不可以去改變他們的信仰，此時此刻的重點，在幫助他們度過難關，重建家園，真是睿智之言。

八月三十一日是最後一批原住民鄉親要離開安置中心，搬遷到政府安排的地點。當天佛光山僧信四眾聚集在福慧家園歡送，由於經過三個禮拜的相處，大家都依依不捨，鄉親們特別以布農族的〈八部合音〉表達他們的感謝之情，佛光山僧信四眾也以一首〈我的家鄉在佛光山〉回敬他們，此時看到鄉親和佛光山大眾一起手牽著手高唱，彼此沒有種族之分、沒有宗教之別，只有不捨，互道珍重祝福。

臨走前，鄉親送給佛光山兩盆長在懸崖上的原生種蘭花，象徵他們會生生不息，越挫越勇。他們並表示，在原住民的觀念裡，沒有藍綠之別，因為高山近看是綠色，遠看是藍色，藍綠本來就沒有區別，一律稱為「青色」。他們感謝星雲大師、佛光山，這一段時間無私無我無分別地關心和照顧。聽他們這一番告白，相信原住民鄉親，一定可以頂天立地地活下去，也為他們能從生活中體會出這樣的智慧，萬分佩服！

國家圖書館出版品預行編目(CIP)資料

慧心傳道覺有情/慧傳法師作. -- 初版. --
高雄市：佛光文化事業有限公司, 2024.08
面； 公分. --(藝文叢書；8072)
ISBN 978-957-457-793-4(精裝)

1.CST: 佛教修持 2.CST: 生活指導

225.87 113011444

慧心傳道覺有情

作　　者｜慧傳法師

總 編 輯｜滿觀法師
責任編輯｜王美智
美術設計｜謝耀輝
圖片提供｜佛光山宗史館、《世界佛教美術圖說大辭典》、佛光緣美術館總部、《人間福報》、《人間社》、普門中學、國際佛光會中華佛光青年總團、馬來西亞佛光文教中心、紐西蘭佛光山、慧傳法師、慧裴法師、慧豪法師、永富法師、鄭欣宜、陳碧雲、莊美昭、周雲、胡杏芳

出 版 者｜佛光文化事業有限公司
出版日期｜2024年8月初版一刷
印　　刷｜中茂分色製版印刷事業股份有限公司
經　　銷｜紅螞蟻圖書有限公司
(02)2795-3656

流 通 處｜
佛光山文化發行部
高雄市大樹區興田路153號
(07)656-1921#6664~6666

佛光山文教廣場
(07)656-1921#6102

佛陀紀念館四給塔
高雄市大樹區統嶺路1號
(07)656-1921#4140~4141

佛光山海內外別分院

創 辦 人｜星雲大師
發 行 人｜心培和尚
社　　長｜滿觀法師

法律顧問｜毛英富律師、舒建中律師
登 記 證｜行政院新聞局版台省業字第862號

定價｜420元
ISBN｜978-957-457-793-4（精裝）
書系｜藝文叢書
書號｜8072

劃撥帳號｜18889448
戶　　名｜佛光文化事業有限公司
服務專線｜
編輯部 (07)656-1921#1163~1168
發行部 (07)656-1921#6664~6666

佛光文化悅讀網｜
http://www.fgs.com.tw
佛光文化Facebook｜
https://www.facebook.com/fgsfgce